KB077853

왜 일하는지 보이게 하라

어디로 가는지 보이게 하라

무엇을 하는지 보이게 하라

어떻게 하는지 보이게 하라

공유와 협업이 보이게 하라

누가 무슨 성과를 냈는지 보이게 하라

보이게
일하라

보이게 일하라

2016년 3월 29일 초판 1쇄 | 2025년 1월 16일 15쇄 발행

지은이 김성호
펴낸이 이원주

기획개발실 강소라, 김유경, 강동욱, 박인애, 류지혜, 이채은, 조아라, 최연서, 고정용
마케팅실 양근모, 권금숙, 양봉호, 이도경   **온라인홍보팀** 신하은, 현나래, 최혜빈
디자인실 진미나, 윤민지, 정은예   **디지털콘텐츠팀** 최은정   **해외기획팀** 우정민, 배혜림, 정혜인
경영지원실 강신우, 김현우, 이윤재   **제작팀** 이진영
펴낸곳 (주)쌤앤파커스   **출판신고** 2006년 9월 25일 제406-2006-000210호
주소 서울시 마포구 월드컵북로 396 누리꿈스퀘어 비즈니스타워 18층
전화 02-6712-9800   **팩스** 02-6712-9810   **이메일** info@smpk.kr

ⓒ 김성호 (저작권자와 맺은 특약에 따라 검인을 생략합니다)
ISBN 978-89-6570-320-4 (03320)

쌤앤파커스(Sam&Parkers)는 독자 여러분의 책에 관한 아이디어와 원고 투고를 설레는 마음으로 기다리고 있습니다. 책으로 엮기를 원하는 아이디어가 있으신 분은 이메일 book@smpk.kr로 간단한 개요와 취지, 연락처 등을 보내주세요. 머뭇거리지 말고 문을 두드리세요. 길이 열립니다.

보이게

김성호 지음

일하라

쌤앤파커스

· 목차 ·

왜 보이게
일해야 하는가?

23년 전, 삼성그룹 이건희 회장은 "마누라, 자식만 빼고 다 바꿔라."라며 혁신을 강조했다. 1993년의 일이다. 그때는 10년에 한 번씩 혁신해도 먹고살 수 있었던 시절이다. 하지만 이제는 기존의 모든 질서가 붕괴되었고, 룰이 깨져버렸다. 매일 매 순간 변화하는 조직으로 탈바꿈하지 않으면 생존이 불가능해졌다. 이미 '매 순간 혁신하기'는 선택이 아닌 필수다.

과거에 10년에 한 번, 5년에 한 번씩 혁신할 때도 많은 사람들이 고통을 겪었다. 변화는 당연히 고통스럽다. 통증이 있게 마련이다. 그렇다면 매일 매 순간 혁신해야 살아남는 이 시대에 우리는 어떻게 일할 것인가? 고통스러운 변화를 매 순간 겪으면서도 끝까지 함께 가려면 어떻게 해야 할 것인가? 이 책은 이러한 질문에서 출발했다.

망하는 조직의 제1원인은 '공유와 협력'을 안 해서 혹은 못해서다. 같이 가려면 공유하고 협력해야 하는데, 그렇게 하려면 지위고하를 막론하고 '보이게 일해야' 한다. 우리가 어디로 가는지, 목표로 삼은 고지가 어디인지를 구성원이 다 함께 볼 수 있어야 하고, 누가 무슨 일을 어떻게 하는지도 서로에게 보여야 한다. 그게 보이지 않으면 구성원은 아무도 따라가지 않는다. 깃발 들고 앞에 서 있는 사람이 가든지 말든지 신경도 안 쓰고 모래알처럼 흩어져버린다.

요즘 기업들은 당면한 과제가 너무 많다. 급속도로 변화하는 시대에 맞게 비즈니스를 재편해야 하고, 비즈니스 모델도 시시각각 개선해야 한다. 이렇게 앞만 보고 가기도 바쁜데 뒤에서 잘 따라오는지 한 사람 한 사람을 챙길 여유가 없다. '혁신과 성과창출'이라는 시대적인 요구에 맞춰 계속 전진하려면 양옆의 동료들과 단단히 팔짱을 끼고 누구 한 사람 낙오되지 않도록 보폭을 맞춰 행군할 수 있는 시스템이 필요하다.

이 책은 6단계에 걸쳐 '보이게 일하는 법'을 소개한다. 1장 왜 일하는지 보이게 하라는 비전과 가치에 대한 이야기이고, 2장 어디로 가는지 보이게 하라는 목표에 관한 것이다. 3장 무엇을 하는지 보이게 하라는 업무의 투명성에 관해, 4장 어떻게 하는지 보이게 하라는 프로세스의 투명성에 관한 이야기다. 5장 공유와 협업이 보이게 하라는 조직에 무슨 일이 벌어지는지 보이게 하라는 정보 공유와 협업에 대한 방법론이다. 마지막 6장은 누가 무슨 성과를 냈는지 투명하게 보이게 일함으로써 서로를 독려하고 성과를 공정하게 보상하는 방법을 담았다.

이 책은 비전과 가치를 공유하고, 지식과 정보를 나누면서 보이게 일하고, 궁극적으로 함께 상생할 수 있는 방안을 제시한다. 내가 하는 일은 물론이고, 남이 하는 일, 우리 팀뿐만 아니라 다른 부서가 하는 일이 보이면 협력은 자연스럽게 따라올 수밖에 없다.

고인 물이 썩듯이 닫힌 조직은 정체될 수밖에 없다. 지식과 정보가 잘 흐르는 조직, 서로의 일을 투명하게 알 수 있는 조직은 필연적으로 효율과 수익성이 개선된다. 이는 곧 조직과 개인의 동반성장을 낳는다.

보이게 일하라! 아주 단순하지만 이것만 실현되어도 조직은 지속적인 성공과 다음 단계로의 도약이 반드시 보장된다. 사람이 크고, 결과가 달라진다.

지은이 김성호

왜 일하는지

보이게
하라

1

세상의 모든 조직에는 비전이 있고 추구하는 가치나 경영목표가 있다. 하지만 그러한 비전과 가치를 윗사람 몇 명만 알고 있을 뿐 구성원들이 모르거나 공감하지 못한다면 조직은 생기가 없어진다. 모든 구성원이 그 비전을 공유하고, 가치에 대해 공감하고, 에너지를 모아야 한다. '왜 이 일을 하는지?' 알면 많은 문제가 해결된다.

가장
위험한 길은
쉽고 편한 길

　　사람이 하던 일만 계속하면 새로운 것에 대해 점점 더 부정적인 태도를 갖는다. 이것도 일종의 관성의 법칙이 적용되어서 '하던 대로 해왔던' 시간이 길어질수록 더 그렇다. 그래서 아무리 오래 근무한 사람도 새로운 것에 도전하지 않고 '하던 일만 계속한다면' 그만큼 성장과는 거리가 멀어진다.

　　태평한 세월을 보내다 보면 누구나 그 상황에 안주하게 되고, 미래도 똑같이 지속될 거라고 믿는다. 하지만 몸도 마음도 편하게 보낸 시간들이 쌓이면 생각, 실력, 마음까지 점점 퇴화될 뿐이다. 그리고 나중에는 똑같은 난관이 닥쳐도 남들보다 몇 곱절 더 힘들어하고, 간혹 별것 아닌 일에 어이없이 무너지기도 한다. 안주의 관성이라는 병이 심각해졌기 때문이다.

그런데 경력이 긴 간부나 다양한 커리어를 쌓아온 리더들이 변화를 두려워하면 조직에 더 큰 문제가 생긴다. 그런 사람들이 위에 있으면 조만간 조직 전체에 위기가 온다. 젊고 의욕적인 직원들이 아무리 좋은 아이디어와 획기적인 기획안을 들고 와도 위에서 모두 잘라버리거나 뭉개버리기 때문이다.

'거안사위居安思危'라는 말이 있다. 별 탈 없는 시기일수록 위기를 생각하는 지혜를 발휘하라는 뜻이다. 진짜 위험이 닥치면 사람은 알고 있는 것도 잊어버려 우왕좌왕하고, 자신이 가진 실력을 전혀 발휘하지 못한다. 때문에 위험이 닥치기 전에 미리 위기상황을 가정해 대응전략을 만들어놓으라는 것이다. 그렇게 하는 과정에서 역량이 자라고, 미래의 성장동력도 자연스럽게 만들어진다. 불가항력적인 위기가 닥쳐 경쟁자들이 속수무책으로 쓰러질 때도 새로운 기회를 잡을 수 있다.

'머스트 해브'만
살아남는 시대

미래를 확실하게 보장할 수 있는 방법은 크게 두 가지다. 하나는 남들이 느리고 서툴게 하는 일을 신속하고 능숙하게 하는 것이고, 다른 하나는 남들이 못하는 것을 해내는 것이다. 그런 의미에서 요즘은 '머스트 해브must have'만 살아남는 시대다. 고객에게 '없으면 불편할' 정도가 되어야 한다. 고객이 먼저 찾는 회사, 고객이 '이게 바로 내가 찾던 거야! 이제까지 왜 이런 게 없었지?' 하고 느끼는 제품을 내놓아야 한다.

그런 제품은 회사가 만들고 싶은 제품이 아니라 고객이 인정하는 '가치'가 담긴 제품이다. 좀 고리타분한 이야기 같겠지만, 이미 시장과 소비자는 공급자 중심에서 수요자 중심으로 바뀌었다는 말이다. 견적대로 만들어 내놓기만 하면 되는 시대는 끝났다. 과거에 우리가 만들었던 제품들은 이제 신흥국들이 더 싸고 더 빨리 만들어낼 수 있다. 지금 우리가 집중해야 할 일은, 고객 스스로도 명확하게 알지 못했던 욕구를 채워주는 것, 막연하게 갈구해왔던 가치와 감탄하며 살 수밖에 없는 기능을 담는 것이다.

예전에는 경쟁사보다 더 싸게 더 잘 만들면 팔렸다. 하지만 이제는 그런 것조차 먹히지 않는다. 완전히 다르게 만들어 차별화시키고, 확실한 격차를 보여주어야 한다. 그래야만 그 제품은 결국 고객들의 골칫거리를 해결해주고 '없으면 불편해지며', 반드시 선택할 수밖에 없는 머스트해브 제품 혹은 서비스가 된다. 그렇게 되면 고객들은 나중에도 '이 회사 제품은 믿을 수 있다.', '이 회사 제품이라면 돈 내고 살 만한 가치가 있다.'고 생각한다.

소비자들 사이에 그런 공감대가 형성되면 자연스럽게 강력한 브랜드 파워가 생기고 '눈 감고 사도 절대 손해 안 본다.'는 절대적 믿음으로 이어진다. 요즘 소비자들은 그런 제품을 살 때 가격은 별로 신경 쓰지 않는다. 조직 전체가 그런 강력한 차별화를 목표로 하고 열망해야만 진정한 경쟁력이 만들어진다.

고객이 제품을 손에 쥐었을 때 '사용하기 참 편하다. 어떻게 이런 생각을 했지?'라는 느낌을 주는 제품들이 있다. 그 이면에는 그것을 만든 사람들의 수많은 도전과 치열한 노력이 숨어 있다. 예를 들어 '날개 없는 선풍기'로 우리에게도 잘 알려진 영국의 기술기업 다이슨이 만든 제품들에 대해 들어보았을 것이다.

발명가이자 엔지니어인 제임스 다이슨James Dyson은 청소를 할 때마다 매번 먼지필터와 먼지봉투를 교체하는 것이 불편했다. 그리고 자신이 겪은 불편을 해결하기 위해 시제품을 무려 5,127개나 만들었다고 한다. 결국 세계 최초로 먼지봉투 없는 진공청소기를 개발했고, 1993년에 출시된 다이슨 청소기는 출시한 지 18개월 만에 영국에서 가장 많이 팔리는 제품이 되었다. 그 후 일본과 한국 등 아시아 국가에서도 돌풍을 일으켜 전 세계적으로 '청소기 명가名家'라는 타이틀도 거머쥐었다. 혁신적인 제품을 선보여 기존 시장의 판도를 바꾼 게임체인저의 사례로 자주 소개되는 이야기다.

다이슨은 소위 '광고발'이 아닌 '제품의 혁신성'으로 승부해 성공한 사례다. 유명 연예인이 나와서 아무리 멋진 광고를 해도 소비자가 원하는 것은 따로 있다. 쓰기 편리하고 제대로 구실을 하는 제품이다. 눈속임 마케팅이 아니라 혜택과 가치를 원한다. 게다가 요즘 소비자들은 나날이 똑똑해지고 있다. 전문가 못지않게 제품을 다각도로 비교·분석하고, 동시에 그런 정보들을 실시간으로 공유하며 의견들을 보탠다. 눈속임 마케팅이었다는 것이 드러나면 그 사실은 순식간에 있는 그대로 전 세계에 까발려진다.

　좋은 제품이란, 아주 복잡했던 것이나 지나치게 많은 기능, 번거롭고 품이 많이 드는 것들을 심플simple하고 이지easy하게 바꾼 것이다. 그런데 이 '간단하고 편리한 제품'이라는 지점에 도달하는 게 결코 쉽지 않다. 길을 가로막고 있는 절대적인 벽과 싸워 이겨야 한다.

　좋은 제품은 그렇다. 일하는 사람들의 뜨거운 열정과 혼이 제품을 감싸고 있다. 나는 기업 코칭을 하면서 운 좋게도 그런 열정과 혼을 제품에 녹이는 다양한 현장을 눈으로 직접 확인했다. 또한 조직의 버팀목으로 자리 잡은 소위 '레전드'들은 그런 경험을 바탕으로 서 있는 사람들이다. 그 대표적인 사례로 유니클로가 있다(사실 유니클로의 모회사는 '패스트리테일링'이지만 이 책에서는 편의상 유니클로라고 부르겠다).

　유니클로는 '가격과 품질에서 고객들이 가장 먼저 떠올리는 브랜드를 만들자.'는 목표를 세웠다. 그리고 충성도 높은 고객을 늘리려면 제품과 서비스의 경쟁력을 먼저 높여야 한다고 생각했다. 그러한 목표를 달성하려면 먼저 고객과 적극적으로 소통해야 한다고 생각하고, '유니클로에 대한 불만을 이야기하면 상금 100만 엔을 드립니다.'라는 광고를 신문에 게재했다. 그 캠페인을 통해서 유니클로는 소비자들이 가지고 있던 불만을 샅샅이 알 수 있었다. '단추가 빨리 떨어져요.', '세탁할 때 물이 빠져요.', '바느질이 튼튼하지 않아요.' 같은 고객들의 불만을 귀 기울여 들고 하나씩 해결해나갔다.

그들에게는 '하드 투 비트hard to beat', 즉 '남들이 따라올 수 없는 수준을 이뤄내겠다.'는 정신이 있었다. 이것이 '왜 일하는가?'에 대한 그들만의 이유였다. 그리고 극한의 조건과 싸워 이긴 후에 새로운 기회를 잡았다. 당신은 당신이 맡은 일을 하면서 스피드, 품질, 비용, 소재, 설계, 공법 등 기존의 한계들과 싸워본 적 있는가? 그렇게 한계를 극복하려는 의지와 열정은 결국 개인과 조직을 성장하게 해준다. 여담이지만, 고객은 빠르고 신속하기만 해도 감동한다. "제가 책임지고 해결해드리겠습니다." 하며 소매를 걷어붙이고 순수한 열정을 보이면 서툴러도 기다려주고 응원해준다.

내가 맡아서 하는 일을 남들이 따라오지 못할 정도로 '신속하고 능숙하게' 해내기만 해도 경쟁력은 엄청나게 달라진다. 사람들로부터 "이 사람은 믿을 수 있다. 고민할 것 없이 이 사람에게 맡기면 된다."라고 인정받을 정도를 목표로 삼으면 가능한 일이다.

나의 일에
어떤 가치를 담을 것인가?

갈림길에서 어느 한쪽을 선택해야 할 때, 사람들은 누구나 쉽고 편한 길을 선택한다. 그런데 막상 쉬워 보이는 그 길에 들어서면 금방 문제가 생긴다. 쉽고 편한 길은 진입장벽이 낮아 시작하기는 좋지만 남들도 똑같이 생각하고 뛰어들기 때문에 그만큼 경쟁이 치열하다. 그래서 쉽고 편하게 가려다가 생존 자체를 위협받는 상황에 처하기도 한다. 경쟁이 워낙 치열하다 보니 팔아도 이익이 적고 일한 만큼 보수를 제대로 받을 수도 없다. 그런 길은 장기적으로도 기대할 만한 이점이 없기 때문에 매력적이지 않다.

어려워 보여서 남들이 가지 않은 길, 경쟁자가 적은 길로 가야 한다. 어떤 분야든 스스로 극한에 도전해서 경쟁력 있는 기술을 확보해야 한다. 지속적으로 연구개발에 자원을 집중해서 자체적으로 업계표준을 만들거나 시장을 선도할 신기술을 만들어내야 한다. 가격, 품질, 납기, 스토리 등에서 한계를 돌파하고 경쟁력을 확보하면 선진 기업들이 파트너십을 요청해올 것이고, 고객들도 사지 않을 수 없게 된다.

비결은 단순하다. 본질을 주시하면서 지금까지의 성공을 버리고 어제와 다르게 혁신하면 된다. 새로운 고객창출과 고객만족, 그리고 세상 어디에도 없는 가치와 혜택을 줄 수 있는가에 집중해야 한다. '머스트 해브'가 되기 위해서는 '우리의 기술이 이렇다.'가 아니라 '이런 가치를 담았다.'는 것을 보여주고, 고객으로부터 가치를 인정받아야 한다. 고객으로부터 돈을 주고 사도 아깝지 않은 가치라고 인정받으면 성공이다.

사실 이런 이야기들을 처음 들어보았거나 몰랐던 사람은 없을 것이다. 문제는 알면서도 바꾸지 않는다는 것이다. 바꿔야 한다는 것을 아는

데도 왜 바꾸지 못할까? 이 책의 핵심은 바로 실행이다. 세상에 공짜는 없다. 특히 참신하고 혁신적인 것은 더더욱 공짜로 얻을 수 없다. 버릴 것은 과감하게 버려야 새것을 담을 수 있다.

혁신은 그런 것이다. '한두 번 해보고 안 되면 마는' 그런 이벤트나 캠페인이 아니다. 현재 잘나가는 조직이라 해도 방심은 금물이다. '챔피언은 온 세상이 잠들어도 챔피언을 준비한다.'는 말처럼, 계속 잘하려면 한 순간이라도 긴장을 늦추면 안 된다. 하물며 도전자는 더 말할 것도 없다.

동참하지
않을 자
비켜서 있으라

"미래를 준비하는 데 동참하지 않을 자 비켜서 있으라."

초기 현대자동차의 자체 브랜드인 포니를 만들어낸 주역 고故 정세영 회장이 했던 말이다. '포니 정'으로 유명한 정세영 회장은 "우리 손으로 고유 모델을 만들지 못하면 우리는 죽는다."는 절박한 생각을 가졌다. 그리고 직원들과 함께 당시로서는 정말 무모해 보였던 도전을 시작했다. 핵심부품들은 수입에 의존했지만, 온갖 난관들을 극복한 끝에 결국 자체적으로 고유 모델 '포니'를 만들어냈다.

그는 직접 뛰어다니며 세계적인 자동차 디자이너를 섭외할 정도로 열정적이었다. 세계 제일의 자동차를 만들려면 품질부터 최고여야 한다는 생각에, 각 분야에서 당대 최고의 품질력을 갖춘 회사들을 직접 찾아다녔다. 엔진이나 트랜스미션 같은 핵심 부품을 만드는 회사들을 직접 발굴해 업무 제휴를 맺기도 했다. 그렇게 그는 '포니' 개발을 주도했다.

포니의 탄생은 정세영 회장의 리더십뿐만 아니라 모든 구성원이 절실한 마음으로 합심했기 때문에 가능했던 일이다. 이러한 합심이 나올 수 있었던 데는 '왜 이 일을 하는가?'를 모두가 공유했기 때문이다. 요즘은 '왜 이 일을 하는가?'를 모르고 일하는 조직이 많다. '왜'는 조직의 존재 이유인데, 이것을 모르면 개인과 조직 모두 제대로 성장할 수가 없다.

'왜 일하는가?'를 모르는 조직, 혹은 몇몇 사람만 알고 공유하지 않는 조직은 아무도 문제의식을 가지지 않는다. 새롭고 선진적인 것을 도입하거나, 문제의식을 가지고 뭔가를 개선하려고 하면 '피곤한 사람' 취급을 받는다. 가급적 해왔던 방식으로 해결하자는 식이다. 시스템을 고도화해서 효율성을 높이는 데는 관심이 없고 자기 편한 대로 일한다. 그러다 보니 일의 절차나 방법이 전혀 통일되어 있지 않고 체계적이지도 않다. 표준화된 절차가 없으니 일의 내용과 이력들이 제각각이고, 시간이 지나도 일하는 방식이 개선되지 않는다. 과거의 실패에서 배우는 것도 없고, 일을 하면 할수록 힘들고 불편하다.

조직 내에서 뭔가를 바꾸거나 고치는 것은 혼자 할 수 있는 일이 아니다. 필연적으로 다른 사람들과 연관되고 연동된다. 그런데 주위 사람들이 아무런 반응이 없거나 부정적으로 반응하면 거기서 바로 막힌다. 협력해서 업무를 원활하게 해나갈 수도 없고 시너지도 생기지 않는다. 각자 자기 방식으로 마치 손님처럼 일하고 동료의 일에는 관심도 없으니,

누가 어떤 일을 하고 어떤 고민을 하는지도 모른다. 중복되는 일이 허다해도 그러려니 하고 대수롭지 않게 넘어가는 식이다. 그러니 무슨 일을 해도 사명감이나 책임감이 없다.

그러다 보면 업무 사이에 연결이 잘 안 되어 처리시간이 한없이 길어진다. 업무처리의 수준이 사람마다 다르고, 같은 일도 누가 하느냐에 따라 결과가 천양지차다. 이런 조직에는 새롭게 개선하고 더 좋게 바꾸기보다 현재 상태를 지키고 싶어 하는 사람들이 많다. 생산성을 높이기 위해 자기계발에 투자하는 대신 그저 평생 안정적으로 일하면서 노후를 보장받겠다는 '철밥통' 식 사고가 만연한 것이다. 그런 생각이 조직을 지배하면 아무리 크고 튼튼했던 조직도 난파선이 되는 것은 시간문제다.

의식개혁과 시스템 개선은 동시에 이루어져야 한다. '보이게 일할' 수 있도록 제도와 시스템을 선진화시키는 목적은, 직원들의 업무효율과 생산성을 높이는 것이다. 쉽게 말하면 기존에 어렵게 해왔던 일을 쉽게 하자는 것이다. 그리고 그렇게 해서 생긴 여유 시간과 에너지들을 가치 있는 일, 창조적인 일에 집중해 개인과 조직의 미래를 보장해줄 다른 결과를 내자는 것이다. 보이게 일하면 일에 대한 피로가 줄어든다. 반대로 혼자만 볼 수 있도록 일을 꽁꽁 숨기면 쉬운 일도 힘들어질 수밖에 없다. 팀워크의 기본 또한 '보이게 일하기'이고, 보이게 일하기 위해서는 서로 간의 신뢰와 정보 공유가 기본이다.

'왜 이 일을 하는가?'를
알면 많은 문제가 해결된다

'지금 하는 일이 힘든 것은 얼마든지 이겨낼 수 있다. 하지만 회사의 미래가 안 보이면 그것처럼 절망적인 것은 없다.'

사람들은 지금보다 더 나은 미래가 보장되거나 앞날이 희망적이면 현재 상황이 아무리 어려워도 꿋꿋이 이겨낸다. 오히려 더욱 똘똘 뭉쳐 어려운 일도 혼신을 다해 완수한다. 미래가 희망적일 때 우리는 그런 힘을 발휘하고 과감하게 도전한다. 하지만 미래가 보이지 않으면 사소한 일에도 절망하고 낙담한다.

어느 조직에나 이런 사람이 꼭 있다. "이건 이래서 안 되고, 저건 저래서 어렵다."는 사람이다. 어떻게든 해보려는 사람들을 깎아내리면서, 무슨 일이 터져도 자신은 손가락 하나 까딱하지 않는다. 나서지도 않고 책임지지도 않으면서 매사에 평론하듯 무책임한 발언만 남발한다. 그런 사람에게는 "차라리 아무 말도 하지 말고 가만히 있으라."고 충고하고 싶다.

이들은 자기가 안 할 거니까, 자기 일이 아니니까 함부로 말한다. 동료들은 다른 부서의 일도 마치 내 일처럼 나서서 거들고 힘을 보태는데 말이다. 주위에 이런 사람이 있으면 힘들지 않을 일도 힘들어진다. 아군인데도 적군처럼 나오니 보기만 해도 맥이 빠진다. "일이 아니라 사람 때문에 지친다."는 말이 그래서 나오는 것이다. 절박한 심정으로 어떻게든 잘해보려는 동료들에게 젖은 장작과 같은 존재다. 옆에서 불씨를 옮겨주려고 아무리 노력해도 절대 타오르지 않는다. 오히려 불씨를 나눠주려는 동료들의 열의와 사기만 떨어트릴 뿐이다. 이런 사람들은 업무시간에도 자신의 부정적인 논리에 동조할 사람들을 찾아다니느라 바쁘다.

　세상의 모든 조직에는 비전이 있고 추구하는 가치나 경영목표가 있다. 하지만 그러한 비전과 가치를 윗사람 몇 명만 알고 있을 뿐 구성원들이 모르거나 공감하지 못한다면 조직은 생기가 없어진다. 모든 구성원이 그 비전을 공유하고, 가치에 대해 공감하고, 에너지를 모아야 한다. 같은 일을 하면서 두 마음을 품는 사람이 있어서는 안 된다. 이것이 '100인人 1업業 정신'이다. 어쩌면 이것이 가장 어려운 문제인지도 모르겠다.

　친한 친구끼리 동업할 때도 두 마음을 품어서는 안 되듯이, 하나의 조직은 하나의 목표를 향해 하나로 뭉쳐야 한다. 요즘 '하나로 뭉치자.'라고 이야기하면 굉장히 구태의연하고 구시대적인 사람 취급을 받을 수도 있지만, 동서고금을 막론하고 모든 조직의 기본은 '하나로 뭉치는 것'이었다. '동심동행同心同行', 즉 한마음 한뜻으로 뭉쳐야만 그 조직은 힘이 훨씬 커지고 변화와 혁신의 위력도 세어진다. 무언가 큰일을 해낸 조직들은 다 그랬다. 여러 갈등으로 능력과 에너지가 분산되는 조직은 절대 이런 조직을 이길 수 없다.

일사불란하게
움직이려면
먼저 마음부터 일심불란

　　지방의 작은 소도시에 본사를 둔 그 회사는 창업 6년째인 1990년, 인근의 지방도시를 중심으로 매출액 500억 원 규모로 성장했다. 그러던 어느 날, 사장이 한 권의 책을 읽고 결심한다. 기업 상장에 관한 책이었는데, 사장은 이 책을 읽고 '회사를 상장시켜 자금을 확보하고, 인재를 육성해 지속적인 성장의 기틀을 마련하자.'고 결심했다. 그리고 직원들에게도 "우리는 결코 이대로 지방에서만 머무를 수 없으며, 3~4년 내에 지방 주식시장에 상장하고, 그다음 수도로 진출해 전국을 제패하자."며 결의대회를 열었다.

　　이들은 1991년에 본격적으로 사내에 상장위원회를 만들어 모두가 한마음으로 뛰어들었고, 약속대로 3년 만인 1994년에 지방 증권거래소 상장에 성공했다. 그 후 사장은 또 한 번 포부를 밝혔다.

"수도로 진출해 전국 1등이 된 후, 그다음에는 올림픽 출전권을 반드시 따내자."

국내 시장을 장악하고, 그다음에 세계로 나가자는 이야기였다. 그들은 결의한 대로 수도에 진출했고, 단숨에 매출 1조 원을 달성했다. 그때가 1999년이었다. 그런데 거기서 끝이 아니었다. 다음 해에는 매출액 2조 원을 훨씬 초과했고 그다음 해 또다시 4조 원을 뛰어넘었다. 현실적으로 봤을 때 도저히 상상하기 어려운 가파른 성공이었지만, 그들은 정말 그렇게 해냈다. 인력이나 인프라 등 조직의 모든 것들이 급성장하는 매출을 따라가지 못할 정도였지만, 그래도 그들은 '뛰면서 생각하자.'라는 구호를 외치며 서로를 독려했다.

그렇게 전국 1등이 된 후 그들은 세계로 나가겠다고 선언하고 바로 유럽으로 진출했다. 하지만 그곳에서는 쓴맛을 봤다. 그 실패를 통해 '1승 9패의 정신'이라는 교훈을 얻었고, '전 세계에서 가장 좋은 방식으로 경영한다. 전 임직원이 경영자의 의식과 관점에서 경영한다.'라는 새로운 슬로건도 만들었다. 또한 일하는 사람의 의식과 일하는 방식을 모두 완전히 바꿔야 한다고 공표했다. 사람의 의식과 생각이 바뀌는 데는 시간이 너무 오래 걸린다는 생각에 먼저 일하는 환경, 물리적인 것부터 바꿨다. 사무실의 칸막이를 모두 없앤 것이다.

"불확실한 미래를 확실하게 대비하는 방법은 미래를 직접 만드는 것뿐이다."

그들은 즉시 실행에 옮겼고 거침없이 글로벌 시장에 진출했다. 지방의 작은 소도시에서 출발한 그들은 이제 세계 1등을 눈앞에 두고 있다. 그 주인공은 바로 유니클로, 즉 패스트리테일링이다.

끈끈한 결속력으로 뭉친 조직은 정말 강하다. 최악의 상황에서도, 모든 사람이 '도저히 안 된다.', '너무 어렵다.'며 고개를 절레절레 흔드는 상황에서도, 기적과 같은 힘을 발휘하면서 일어난다. 한계를 극복해서 성과를 내는 조직은 바로 그런 곳이다. '모이면 힘이 나고, 뭉치면 강해지고, 팀으로 엮이면 더 질겨지는 팀', 이렇게 유기적으로 협업하는 팀은 반드시 성과가 좋다.

'일사불란一絲不亂'이라는 말은 '한 가닥의 실도 엉키지 않는다.'는 뜻으로 조금도 흐트러지지 않는 질서정연한 모습을 의미한다. 그런데 조직이 일사불란하게 움직이려면 먼저 마음부터 '일심불란' 해야 한다. 한마음으로 뭉쳐야 한다. '100인人 100업業'이란 생각으로 일하면 성과를 내기 힘들다. 모두를 뜨겁게 만드는 하나의 목적 아래 한 사람도 빠짐없이 동참한다면 아무리 작은 조직도 무서운 힘을 발휘한다.

그런데 무서울 정도로 끈끈한 조직의 응집력과 추진력은 대체 어디에서 나올까? 바로 조직이 추구하는 비전과 가치, 공동의 목표다. 먼저 모두가 공감하는 공동의 목표를 만들어야 한다. 이러한 목표는 개개인의 업무 몰입도를 높여주는 마인드맵이자 성장으로 가는 내비게이션이다. 나보다는 팀, 팀보다는 회사 전체를 생각하게 해주기 때문이다. 서로 힘을 모을 공통분모가 있으니, 모두 한배를 탄 사람들처럼 동료의식과 동료애가 생긴다.

IQ의 합이 아니라
에너지의 합이다

다양한 연령과 경력, 수많은 시각과 생각…, 이런 것들이 융합되면 혁신을 낳는다. 일을 할 때만큼은 호의적으로 몰입할 수 있어야 하고, 하나로 뭉쳐 팀워크를 발휘해야 성과를 낼 수 있다. 하지만 같이 이뤄내고 싶은 공동의 목표가 없으면 사사건건 반대하거나 어깃장을 놓는 사람이 많아진다. 하고자 하는 사업을 제대로 이해하고 뜻을 같이하며, 생각과 힘과 행동을 같이하면, 비용과 품질, 가격 등 기존의 한계를 극복하고 새로운 가치를 만들어낼 수 있다. 지금까지와는 다른 신기술, 신제품, 신시장을 창조해 기회를 잡게 되는 것이다. 서로 창의성과 열정을 독려하고, 모든 구성원의 두뇌와 에너지를 결합해, 최고의 시너지를 만들겠다는 공감이 필요하다.

야구나 농구 같은 단체 스포츠에서 중요한 것은 선수 개개인의 연봉이나 능력이 아니다. 팀워크다. 조직도 마찬가지다. 직원의 수나 학벌, IQ의 합이 아니라 결국 에너지의 합이 중요하다. 얼마나 똑똑한가가 아니라 강한 열망을 얼마나 오래 지속하는가의 문제라는 뜻이다. 열정이 경쟁력이고 거기서 승패가 결정된다. IQ의 합이 승패를 좌우한다면 무리하게 빚을 내서라도 IQ 높은 사람을 채용하는 방법이 통하겠지만 현실은 절대 그렇지 않다. 몸값 비싼 선수만 모은다고 팀이 우승하는 것은 아니듯이, 각자가 가진 뛰어난 능력과 에너지를 하나로 모아 팀워크를 발휘할 때 비로소 무서운 저력을 발휘하는 팀이 된다.

만년 적자 기업을 다시 흑자 기업으로 바꾼 리더들은 공통점이 있다. '직원들의 인생을 같이 걱정하고, 의욕적인 인재들을 한 방향으로 향하게 하는 것이 리더의 역할'이라는 생각으로 움직였다는 사실이다. 40여 개의 부실기업을 인수해 모두 흑자 기업으로 변신시킨 일본전산의 나가모리 시게노부 사장은 나와의 인터뷰에서 이렇게 말했다.

"가장 중요한 것은 의욕적인 인재들을 발굴하고 그들의 고민과 도전정신을 존중해주는 것이다. 그러면 친근감을 느끼고 자연스럽게 따라오게 되어 있다. 그리고 모두가 원하고 공감하는 방향을 리더가 먼저 제시하고, 함께 그 방향으로 움직일 수 있다면 못할 것이 없다. 수년 동안 적자를 내면서 패배의식에 찌든 조직도 살아난다. 두려움도 사라진다. 어떤 팀이든 옳은 방향으로 모두 함께 움직이면, 일이 재미있어지고 최선의 노력을 할 것이다."

이처럼 미래에 대한 꿈이나 가치를 공유하면 관계가 각별해진다. 서로 균형을 더 잘 맞추고 더 조화롭게 공생할 수 있다. 이는 팀워크, 즉 결속력을 키워 시너지를 극대화하는 방법이기도 하다. 반면 리더가 직원들의 미래를 고민하지 않고 사사로운 욕심을 채우거나, 자신의 꿈만 이루려고 하면 어떨까? 미래를 준비하는 목표나 비전을 발굴하지 않으니, 시간이 지날수록 직원들은 이용만 당한다고 생각한다. 주인의식은커녕 시키는 일만 대충 하며 시간을 때우는 월급쟁이로 전락한다. 결국 팀장이든 팀원이든 '왜 이 일을 하는가?'에 대한 고민과 공유가 많은 문제들을 해결해준다.

유능한 사람들이 많이 모였는데도 성과를 내지 못하는 이유는 단 하나다. 실력과 에너지가 모이지 않고 분산되기 때문이다. 에너지가 모이면 작은 조직도 엄청나게 단단해지고 큰 위력을 발휘한다. 모래알처럼 개개인이 따로 노는 조직은 생존에 필요한 최소한의 성과도 기대하기 어렵다. 마음이 다른 데 가 있으니 태도부터 성의가 없다. 마지못해 있는 곳에서 최선을 다하는 사람은 세상에 없다. 서로를 신뢰하지도 않고 진정성도 없으니 이미 가지고 있는 실력도 발휘하지 않는다. 그렇게 되면 아무리 초능력자라도 무능해지고 무기력해진다.

어떻게든 위기를 극복해야만 할 때, 반드시 방법을 찾아내 무언가를 이뤄내야 할 때, '안 된다.'는 부정적인 마음을 품은 사람이 끼면, 정말 될 일도 안 되는 이유가 그것이다. 위험이나 위기가 감지되었을 때는 즉각적으로 혹은 본능적으로 움직이고 대처해야 하는데, 다른 마음을 품고 있는 사람은 그게 잘 안 된다.

문제를 발견하고 해결하기 위해 애쓰고 '가능한 대안'을 찾아내려면,

조직과 동료에 대한 진정성과 신뢰가 필요하다. 그러니 다른 마음을 품고 있는 사람이 많으면 이미 그 팀은 시작하기도 전에 지는 게임을 하는 셈이다. 개인에게도 팀에게도 득이 될 게 없다. 모두를 지치게만 할 뿐이다. 일보다 사람이 더 힘든 이유가 되기도 한다.

조직의 본질은, 사람을 조직화하고, 일을 분업화·전문화해서, 다시 그것을 취합·통합하고, 일부는 수정·보완하면서, 조율과 협업을 통해 시너지를 극대화해 성과를 내는 것이다. 이때 분업화와 전문화만 잘해서는 아무리 인적·물적 자원이 훌륭해도 성과를 낼 수 없다. 조직화·분업화·전문화를 잘해도, 그다음에 통합하고 조율해서 최적화시키고, 시너지를 극대화하는 사람이 없으면 아무 소용이 없다. 이것이 안 되는 조직은 전체가 이기주의에 빠지고, 결과적으로 만년 적자에서 빠져나오지 못한다.

연결과 공유의 시대, 오픈 이노베이션이 활력을 더한다

일하는 사람이 가져야 할 기본적인 마음자세는 무엇일까? 나는 대표적인 것으로 다음 3가지를 꼽고 싶다. 첫째, 자기 일과 일터, 그리고 동료에 대해 감사하고 애정을 갖는 것. 둘째, 협업의 중요성을 알고 철저히 준비하는 것. 셋째, 일에 대해 고민하는 습관을 가지고 지금까지와는 다른 새로운 해법을 찾으려고 노력하는 것. 여기에는 끊임없는 자기계발과 인간관계를 개선하기 위한 노력이 필요하다.

지금은 똑같은 시간 동안 일하더라도 생각의 깊이와 몰입도가 아주 중요해졌다. 시장에서 생존하기 위한 전제조건이 되었기 때문이다. 생각과 일의 밀도와 몰입도를 높여야만 어제와 다른 가치, 새로운 경쟁력을 만들어낼 수 있다. 이것을 '지적 하드워킹'이라고 한다.

스마트폰 등이 발전하면서 요즘 사람들은 다들 자신의 지적 능력이 뛰어나다고 착각한다. 지능형 IT기기들 덕분에 복잡하고 난해한 문제도 쉽게 풀 수 있고, 방대한 데이터도 원하는 대로 가공할 수 있지만, 진정한 지적 능력은 그런 것이 아니다. 지적 능력이 향상된 기기들을 가지고 어떤 성과를 만들어내느냐가 진정한 의미의 지적 능력이다.

기운이 세다고 소가 왕 노릇을 하는 것은 아니다. 시켜주기만 하면 뭐든지 거침없이 해낼 수 있다는 혈기왕성함 역시 답이 아니다. 힘만으로는 리더가 될 수 없는 것처럼, 시켜만 주면 뭐든 열심히 하겠다는 단순한 생각이 문제다. 지금 내 자리에서 해야 할 일을 주도적으로 찾아 남다른 생각까지 도달할 수 있느냐의 문제, 즉 지적 하드워킹을 할 수 있느냐가 중요하다.

두 사람이 있다. 둘 다 체력도 좋고 배울 만큼 배운 사람들이다. 그런데 A는 머리를 열심히 쓰면서 창의적인 궁리를 하지만 B는 아무 생각 없이 일한다. A와 B의 차이는 어디에서 올까? 먼저 자신이 속한 조직이나 일에 애정이 있느냐 없느냐를 살펴봐야 한다. 나는 강의할 때 먼저 애정과 열정을 강조한다. 본질이고 근간이 되는 문제인데도 우리가 쉽게 놓치기 때문이다.

앞에서도 말했지만, 요즘 고객들은 엄청나게 똑똑하다. 10개의 답을 미리 준비하지 않으면 고객의 문의에 만족스러운 응대를 할 수가 없다. 시장에서도 마찬가지다. 상대방보다 2배 이상 고민하지 않고 나가면 도저히 경쟁을 할 수 없다. 글로벌 기업들, 아니 가까운 중국 기업들의 기술력과 속도를 보라. 힘만 가지고 또는 단순히 열심히만 해서 경쟁하는 시대가 아니다. 지적 하드워킹을 통해서 차별화된 가치, 즉 신기술, 신제품, 신시장을 개척할 사람이 절실하다.

그렇다고 무섭게 치고 올라오는 신흥국들이 꼭 위협만 주는 것은 아니다. 기회도 더 커지고 있다. 중국이나 인도 시장은 폭발적으로 성장하고 있고, 그 외에 많은 신흥국들도 소비시장 측면에서 보면 구매력이 점점 더 커지고 있다. 이처럼 다가오는 온갖 위협을 걷어내고, 그 이면에 같이 오는 기회를 잡기 위해서 우리가 반드시 알아야 할 것이 바로 지적 하드워킹이다. 결국 신흥국이었을 때의 일하는 방식을 떨쳐버리고 선진화하고 고도화해서, 한 단계 높은 것, 즉 프리미엄을 만들어내야 한다는 것이다. 더 커지는 시장에서 기회를 잡기 위해서는 차원이 다른 프리미엄급 제품과 서비스를 창출해야 한다. 이는 느긋하게 목가적으로 일해서는 절대 이뤄낼 수 없다. 하지만 지적 하드워킹을 통해 밀도 높게 일하면 못할 것도 없다.

모든 업무의
기본 전제는 공유다

앞으로 모든 조직의 평가와 보상은 시간 중심이 아니라 성과 중심이 될 것이다. 내가 강조하지 않아도 이미 시작된 거대한 흐름이다. 실제로 많은 기업들이 성과 중심의 평가·보상 제도를 도입하고 있다. 하지만 중요한 것은 아직 문화로 정착되지 않았다는 것이다.

단순하게 '몇 시간 근무했는가?'를 평가와 보상의 기준으로 삼으면 사람들은 쉬운 문제, 단답형 문제만 풀려고 한다. 많이 고민해야 하거나 복잡한 정보들을 연결해서 풀어야 하는 난해한 문제, 사람들과 부대껴야 하는 일, 창의력이 필요한 문제들은 기피한다. 익숙하게 해오던 일을 바꾸거나 개선할 필요도 못 느낀다.

하지만 이 시대가 요구하는 일은 다음과 같은 4가지 조건을 충족시켜야 한다. 첫째 얼마나 발전적이고 경쟁력이 높은가, 둘째 고객을 충분히 만족시켰는가, 셋째 원활한 협업을 통해 시너지를 일으켰는가, 넷째 얼마나 수익을 창출했는가다.

그렇다면 어떻게 해야 할까? 여기서 중요한 키워드가 '공유'다. 현재 우리가 하는 업무의 대부분은 '성과를 개선하고, 새로운 가치창출을 위해 모든 업무내용과 지식정보를 공유하는 것'을 목표로 한다. 사내 전산망은 물론이고, 각종 보고와 협의를 통해서 업무가 공유되고 있다. 위에서 말한 4가지 조건의 기본적인 전제가 공유다. 이는 업무효율을 높이고 품질과 경쟁력을 향상시키기 위한 기본 전제이기도 하다.

특히나 요즘은 사회적으로도 '공유'가 대세다. SNS에서 '좋아요'나 '공유하기'를 누르면 친구들에게 맛집 정보나 좋은 글, 재미있는 사진을 공유할 수 있다. 사람들이 페이스북에 이렇게 열광하는 것은 누구나 '공유'

에 대한 욕구와 열망이 있기 때문이다.

사람들은 왜 공유하고 싶어 할까? 자신의 관심사를 공유하면 서로 연결되어 있는 느낌과 친밀감을 느낄 수 있다. 또한 집이나 차를 '소유'하지 않고 '공유'하면서 경제적인 면에서 이득을 챙기기도 한다.

그런데 요즘은 업무도 공유하지 않고는 제대로 할 수가 없다. 인터넷, 스마트폰 등의 기술이 발전한 덕분에 과거에 비해 훨씬 더 쉽고 빠르게 무엇이든 공유할 수 있다. 게다가 마음만 먹으면 언제, 어디서든 일할 수 있게 되었다. 시공간을 초월해 원하는 업무들을 소화할 수 있게 도와주는 프로그램이나 웹사이트도 많아졌고, 실제로 IT 업계에서는 세계 각지를 돌아다니며 원활하게 근무하는 사람들도 많다. 모든 업무를 공유하는 시대이기에 가능한 일이다.

본질적인 측면에서 보면, 조직에서 일어나는 모든 일은 협력과 조력의 연속이다. 문제를 함께 고민하고 해결해나가면서 최적점이나 최고점이라는 목표에 점점 가까이 다가가는 것이 업무다. 사람과 사람 사이에 정보 찾기와 정보 공유의 연속이기도 하다. 정보를 공개하지 않으면 경험가치를 공유할 수 없고, 조직 내의 자원들이 제대로 활용되지 않는다. 자원이 있어도 제 역할을 못하는 것이다. 인적 자원은 물론이고, 노하우나 경험 같은 무형의 자원도, 자료나 시설과 같은 유형의 자원들도 제구실을 못한다.

일하는 방식을 바꾸면
자원의 가치가 달라진다

조직에는 다양한 능력을 가진 인재들이 기획관리, 연구개발, 공정관리, 생산관리, 제품관리, 운영관리, 유통관리, 영업관리, 고객관리, 재정관리, 인사관리 등 다양한 전문 분야들을 맡아서 일하고 있다. 그 과정에서 끊임없이 결과물과 부산물이 나온다. 업무 실행결과나 시행착오, 일하는 과정에서 수집한 데이터, 여론조사 결과 등이다. 그런데 그런 가치 있는 데이터들이 중요한 곳에 쓰이지 않고 단편적이고 국지적으로 쓰이는 경우들이 있다. 동료들 간에 정보와 업무 공유가 안 되면서 일의 연결이 끊기고, 이 부서와 저 부서가 단절되어서 그렇다. 반면 모든 부서가 잘 연결되어 있는 조직은 일하면서 얻어진 정보나 데이터가 자원이 되고 전사적으로 쓰이면서 시너지를 낸다.

과거에는 '제품을 개발해 공급한다.'는 생각으로 일단 제품을 만들어 고객에게 전달했다. 그리고 나서 고객들이 사용해본 피드백을 수집했다. 시간이 꽤 오래 걸리는 일이었다. 하지만 지금은 그런 방식이 먹히지 않는다. 일단 너무 느리다는 게 문제다.

요즘은 개발자부터 설계, 구매, 생산, 유통, 사용자까지 실시간으로 소통한다. 개발부서가 설계를 시작하면 생산부서는 그에 맞게 미리 준비하고, 현장 상황을 고려해서 의견을 낸다. 개발부서와 생산부서가 여러 가지 실험을 함께 하면서 문제를 해결하기도 한다. 그 과정에서 설계변경 같은 시행착오를 예방하고 실패할 경우의 수도 줄인다. 마찬가지로 이제는 개발단계에서부터 사용자들이 제안한 아이디어와 의견을 반영한다.

이렇게 모든 단계가 실시간으로 보이고 빠르게 공유되다 보니 개발기간이 획기적으로 단축되었고 비용도 절감되었다. 한마디로 수율(투입 수에 대한 완성된 양품良品의 비율)과 생산성의 혁명이 일어나고 있는 것이다. 이것은 특정 기업, 특정 국가에서만 일어나고 있는 일이 아니다. 전세계가 첨단 ICT를 활용해 획기적으로 생산성을 끌어올리려는 '스마트 오피스smart office', '스마트 팩토리smart factory'에 열을 올리고 있다. 스마트 팩토리에서는 연구개발, 설계, 생산, 엔지니어링, 유통 등 다양한 분야에서 직원과 고객이 시공간 제약 없이 정보를 공유하고 피드백을 주고받으며 협업한다. 생산과정에도 다양한 첨단장치들이 배치되면서 과거에는 상상도 하지 못했던 짧은 시간 내에 실제보다 더 정확하게 가상 테스트를 하게 되었다. 그만큼 실제 제품이 출시된 이후에 생길 수 있는 시행착오와 오류가 줄어든다.

이처럼 개발, 생산, 유통 등 모든 단계에서 시공간을 초월해 일할 수 있는 시대다. 그러니 구성원들이 더 많은 것을 공유하고 숨어 있던 지식정보와 자산들을 최대한 끌어내 활용해야 한다. 과거의 업무결과와 실험결과, 실적, 노하우, 문제점, 아이디어, 시행착오 등도 자산으로 활용해야 한다. 그리고 이러한 방대한 자원들을 잘 활용하는 조직은 언제든지 경쟁우위에 올라설 수 있다.

살아 있는 조직으로
변신하기 위한 필수조건

이제는 시간이나 장소에 관계없이 누구든 의욕적인 사람은 엄청나게 다양하고 방대한 자원을 활용할 수 있고, 자신의 실력을 성과로 보여줄 수 있다. 사람마다 성장속도가 다르겠지만, 어쨌든 실력은 실적과 성과로 자연스럽게 증명된다. 모두 같은 시간에 정해진 자리에 서서 생산라인을 돌리는 시대가 아니기 때문에 같은 시간 동안 누가 더 부가가치가 높은 일을 했느냐가 중요하다. 이는 일의 양을 비롯해 일의 난이도와 결과물의 수준, 창출된 가치가 어떠한가에 따라 평가할 수 있다.

공유의 시대에 일 잘하는 사람의 비결은 두 가지다. 자원활용 능력과 협업을 위한 관계 능력이 바로 그것이다. 이제는 근무자들의 감각에만 의존하는 시대가 아니다. 현장경력이나 근속연수가 길다고 해서 반드시 성공이 보장되는 것이 아니라는 뜻이다. 누구든 열의와 의욕만 있으면 얼마든지 성공할 수 있는 조직, 연차에 관계없이 실력에 따라 인정받는 조직이라면 젊고 재능 있고 의욕적인 인재들은 훨씬 더 큰 매력을 느낄 것이다.

그런 의미에서 이제 연공서열이나 호봉제에만 의존하는 조직은 더 이상 발전할 수 없다. 필요하면 언제든지 경력자를 수혈하고, 뛰어난 능력을 갖춘 인재를 수시로 채용하는 시대다. 그만큼 세상은 평평해졌고 유연해졌다. 뛰어난 인재들은 일을 통해 자신의 한계가 어디까지인지 확인해보고 싶어 하고, 실적이나 성과로 당당하게 인정받기를 원한다. 연공서열에 따라 먼저 들어온 사람을 무조건 선임자나 상사로 모셔야 하는 조직은 그들에게 매력적이지 않다. 그들은 문제해결의 의지가 강해서 스스로 일을 찾아 해결해내면서 자신의 존재이유를 증명하기 때문에 고리타분한 조직에서는 오래 머물지 못한다.

시간이 지나면 자동적으로 진급이 되는 조직은 곧 위험에 처할 수밖에 없다. 구성원들이 도전이나 혁신, 새로운 시도를 해야 할 필요성을 못 느끼기 때문이다. 늘 안전지대에 머물려고 하고, 무난한 목표, 쉬운 문제, 편한 일만 찾는다. 당연히 무기력해지고 의욕도 사라진다. 조직은 시장의 변화속도를 따라갈 수가 없고 성장동력도 차츰 사라진다.

무언가 새로운 것을 시도하려면 야근을 해야 할지도 모르고, 난데없이 공격을 받을 수도 있다. 사람들에게서 상처도 받고 괜한 일을 한다고 미움도 산다. 하지만 그런 일을 안 해도 똑같이 진급하고 월급이 오른다면, 누가 낙후되어가는 제도와 시스템을 바꾸려고 하겠는가? 누가 미래의 먹거리를 찾기 위해 황무지 같은 거친 땅을 일구려고 하겠는가? 보물섬이 눈앞에 있어도 바다가 위험하다며 누구 한 사람 배를 띄우려 하지 않을 것이다.

조직이 활력을 되찾고 창조적인 결과물을 만들어내려면 구성원들이 혁신력을 발휘할 수 있도록 지원해야 한다. 그래서 평가와 보상은 혁신의 방향으로 움직이는 사람늘을 지지하고 응원하는 장치가 돼야 한다.

외부의 적보다
무서운
내부의 벽

경제가 발전하고 선진국으로 갈수록 혁신의 숙제는 커진다. 임금 수준이 높아지고 물가가 상승해 생산비용이 올라가는 데다 선진국으로 갈수록 규제가 엄격해진다. 그래서 경제가 발전한 것 이상으로 혁신하지 않으면 기업은 생존 자체가 어려워진다. 그중 노동 집약적인 산업들은 공장이나 생산 시설을 다른 개발도상국이나 신흥국들로 이전해 연명하기도 한다.

하지만 값싼 노동력을 찾아 계속 이동한다고 해서 문제가 해결되는 것은 아니다. 일하는 방식을 혁신하지 않고 그렇게 전전하다가는 결국 한계에 부딪친다. 인재를 키우고 기술투자를 늘리면서 신기술을 개발하고 생산성을 개선하지 않으면 생존 자체가 어려워지기 때문이다.

기업을 경영할 때 그런 주변 여건의 변화는 비용 부담으로 돌아오는

데, 혁신이 전제되지 않으면 경제발전에 따라 점점 늘어나는 비용을 감당할 수 없다. 생산 공장들이 문을 닫고 떠나게 되면 국가나 지역 사회도 큰 타격을 입는다. 더 이상 캘 광물이 없어 문을 닫는 폐광촌처럼 산업의 공동화로 지역 경제도 침체를 맞이하는 것이다.

기업이 발전하려면 이런 상황에서 살아남아야 한다. 강한 기업이 많이 나와야 지역 사회나 국가도 발전한다. 선진국들은 이미 이런 경험을 해보았기 때문에, 관련 법규나 규정, 제도와 시스템들을 혁신적으로 바꿔가며 기업 유치에 적극적으로 나선다. 기업이든 국가든, 지속적으로 혁신하지 않으면 주저앉을 수밖에 없다. 국가도 혁신하지 않으면 기업들이 숨이 막혀 빠져나가버린다. 국가 전체의 경제 활력은 순식간에 떨어지고 쪼그라든다. 그래서 선진국으로 갈수록 '변화와 혁신', '구조 개혁', '제도와 시스템의 선진화'라는 어젠다는 필연적이다.

그런데 다른 공장들이 값싼 노동력을 찾아서 이동할 때, 지속적인 혁신을 통해 그 지역에 남는 기업도 있다. 상당히 어려운 도전이지만, 그 과정에서 모두가 강해진다. 특히 선진국에는 이러한 지속적인 혁신을 통해 성장한 강한 기업들이 많다.

반도체를 예로 들어보자. 기술개발이나 혁신 없이 값싸고 풍부한 노동력에만 의존한다면 한곳에서 계속 생산하기 힘들다. 물가와 임금이 계속 올라가기 때문이다. 또한 경쟁업체들이 더 좋은 제품을 더 저렴하게 생산해 공급하면 공상을 계속 가동할 수 없다.

실제로 반도체는 용량이나 성능이 기하급수적으로 발전하고, 그에 비해 수율이나 가성비(가격 대비 성능 비율)는 과거의 한계를 계속 돌파해야만 생존할 수 있다. 말하자면 성능은 배로 높이고, 크기는 절반으로 줄여, 부가가치를 계속 키워야 생존이 가능하다는 말이다. 즉 한계에 도전하지 않으면 다른 곳으로 떠나야 하고, 살아남으려면 한계에 도전해야 한다.

반도체는 계속 작아지지만 용량은 커지고 성능도 좋아진다. 이것은 설계나 제조공정이 더 까다로워지면서 고도의 기술력이 필요하다는 의미다. 즉 설계나 제조, 납품까지 모든 면에서 혁신하지 않으면 비용을 감당하기도 어렵고 시대가 요구하는 반도체를 만들 수도 없다. 설계, 생산, 품질관리, 납품 등 모든 과정을 과거에는 도저히 상상하지 못했던 방식으로 해야 살아남을 수 있다는 의미다.

부산물도 자원으로 만든
혁신적인 생각

독일 루드비히스하펜에는 세계에서 가장 큰 석유화학 단지가 있다. 바스프BASF의 종합석유화학 공장을 중심으로 한 공장단지로, 200여 개의 화학공장들이 밀집해 있다. 독일계 글로벌 화학회사인 바스프는 1865년에 창업해 소다, 염료, 암모니아 등을 제조해 팔았다. 폐기물로 취급받던 콜타르를 활용해 염료를 제조해내는 방법을 고안했고 이것을 전 세계에 수출하면서 급성장했다. 1885년에는 이 기술을 활용해 청바지 염료인 인디고를 처음으로 상용화했다. 이 연구에 무려 13년 동안 매달리면서 회사가 파산 직전까지 갔지만, 지금은 화학산업 분야 세계 1위 기업이 되었다.

그들이 독일에서 계속 생존할 수 있었던 것은 지속적으로 혁신했기 때문이다. 그렇지 않았다면 높아지는 인건비와 물가를 극복할 수 없었을 것이다. 공해 문제만으로도 이미 퇴출당했을 것이다.

150년의 역사를 가진 바스프의 성공에는 페어분트Verbund라는 독특한 생산체계가 있었다. 페어분트는 공장을 집결시켜 물류비와 원가를 줄이는 바스프 특유의 생산체계다. 전사적인 관점에서 공간, 시간, 절차의 문제에서 오는 낭비를 찾아내고 새롭게 바꿔서, 비용 구조를 근본적으로 개선한 결과이기도 하다. 프로세스와 시스템을 고도화하면서 발견한 낭비요소들을 없애거나 재활용해서 부가가치 창출력을 높인 사례다.

페어분트란 쉽게 말하면, 한 공장에서 생산되는 제품이나 부산물을 다른 공정의 에너지, 다른 사업장과 공장의 원재료로 사용해 시너지를 극대화하는 것이다. 지금은 다른 선진 기업들에게도 많이 확산되고 있지만, 바스프의 지속적인 혁신의 몸부림은 미래 생존이라는 결과를 만들어냈고 많은 기업들에 영감을 주었다. 지금 당장 '임금은 최고, 생산성은 최하'라는 무거운 현실의 숙제를 풀어야 하는 우리 기업들에게도 시사하는 바가 크다.

바스프는 페어분트를 통해 유기적 협력체로의 변신을 멈추지 않았다. 공장의 집적화로 운송비용을 줄이고, 저장이나 비축에 드는 비용도 줄였다. 이는 곧 생산비 절감, 생산성 향상으로 이어졌다. 관련 있는 공장들이 마치 집적회로처럼 단지 내에서 파이프로 연결되어 시너지를 내게 되었다.

예를 들어, 원유정제나 천연가스 생산공정에서 나오는 부산물로 플라스틱을 생산하거나 각종 윤활유와 촉매제를 만드는 식이다. 원유를 증류할 때 나프타naphtha라는 혼합물이 나오는데, 이 나프타의 분자구조를 잘게 부숴 프로필렌을 만들 때 부산물로 아크릴산이나 아크릴산 에스테르가 나온다. 그러면 이를 버리지 않고 다른 제품을 만드는 데 사용하는 것이다.

또한 암모니아 합성공장에서 나오는 부산물인 이산화탄소를 모아 탄산을 만들어 음료회사에 팔기도 한다. 그뿐 아니다. A공장에서 나오는 열에너지를 B공장이 활용해 운영비용을 줄이고, 원료가 연소될 때 나오는 열에너지를 전기에너지로 바꿔 다른 공장에서 쓴다.

과거에 공장에서 나오는 부산물들은 처치하기 곤란한 쓰레기였지만, 이곳에서는 여러 공장에서 알뜰하게 원료로 활용한다. 이처럼 과거에는 시간과 노동, 돈을 들여 폐기물로 처리해야 했던 것들을 끝까지 분류하고 활용해 '폐기물 제로'를 실현하겠다는 것이 그들의 생각이다. 실제로 '쓰레기가 나오지 않도록 자원과 에너지를 완전무결하게 쓴다.'는 것이 그들의 목표다. 몇 가지 원료에서 수십 가지의 기본 물질을 만들고, 기본 물질로 다시 수백 가지의 중간 물질을 만들고, 이를 다시 수천 가지의 상업용 제품으로 생산해 공급하는 식이다. 끊임없는 연구개발과 혁신을 향한 노력 없이는 불가능한 일이다.

내부의 벽이 많을수록
소모적인 조직

바스프는 모든 구성원이 '혁신'에 중점을 두고 창조적 융성을 이뤄냈다. 이러한 결과물이 탄생한 데는 조직 바탕에 깔린 '열린 문화'가 중요한 역할을 했다. 이처럼 국가든 기업이든 모든 조직의 창조적 융성의 비밀은 바로 열린 문화다. 열린 문화를 바탕으로 조직이 제대로 굴러가려면 바퀴 4개의 동력이 필요한데, 그것은 바로 혁신력과 창조력, 속도와 실행력이다. 그래서 요즘 선진 기업들은 이 4가지 동력을 방해하는 장애물을 없애는 데 혈안이 되어 있다.

요즘 정치권에서도 "부처 간의 칸막이를 없애야 한다."는 이야기를 자주 한다. 이것이 무슨 말일까? 부처 간, 부서 간, 팀 간, 사람 간에 쓸데없는 장벽, 시간과 에너지를 낭비하게 하거나 성장을 가로막는 장애물들을 없애야 한다는 뜻이다. 칸막이라는 표현이 추상적이고 상징적이긴 하지만, 이는 매우 중요한 의미를 담고 있다. 물리적인 칸막이는 물론이고, 제도나 시스템, 심리적·정신적 벽을 허물고, 굳게 닫혀 있는 의식까지 개혁하자는 것이다. 그렇게 되면 결과적으로 생각의 거리가 좁혀지고, 부서 간 협업속도가 빨라지며, 정보와 자원을 긴밀하게 공유해 활용하고, 소통이 강화되어 시너지가 생긴다.

앞서가려면 빠르게 변하는 환경보다 더 빠르게 변화를 주도하고 대처해야 한다. 고쳐야 할 것도 많고, 추가해야 할 것도 늘 많다. 그래서 선진 조직들은 소통과 협업에 방해가 되는 환경과 물리적인 장치, 즉 내부의 칸막이들부터 과감하게 없애기 시작했다. '환경을 바꿔야 의식이 바뀌는 속도가 달라진다.'는 '생각과 일하는 환경을 계속 선진화시켜야 한다.'는 절박함에서 비롯된 일이다.

이제는 시장이 요구하는 속도 이상으로 일이 신속하고 정확하게 공유되고 진행되어야 한다. 그렇게 해야만 여러 가지 생각과 아이디어들이 막힘없이 통하고, 병목현상 없이 일이 빠르게 처리된다. 또한 조직마다 가지고 있는 정보와 자원들이 적재적소에 활용되어야만 시너지가 난다.

물리적인 환경개선이 가져다주는 의식과 체질의 개선, 역량의 성장, 발전에 주목해야 한다. 애플, 페이스북, 유니클로 등이 보여줬듯이 실제로 칸막이를 없애는 것은 유효하고도 과학적인 혁신이다. 사람은 물리적으로 거리가 멀어지면 생각도 멀어지고, 정서적인 친근감도 낮아진다. 결과적으로 동료의식과 협업의식이 옅어지게 되고, 생각이나 의견이 하나로 모이기보다는 제각각 흩어지고 일처리도 따로따로 진행되어 시간과 에너지가 낭비된다.

여러 가지 부족한 여건에서도 치고 올라오는 조직이 있는 반면, 더 똑똑한 사람들이 모인 조직이 적자로 무너지는 경우가 종종 있다. 왜 그럴까? 주변의 실체들이 안 보이고, 정보와 사람 사이의 길목들이 다 막혀 있으며, 일을 주도하는 실행 주체들이 서로 보이지 않기 때문이다. 높은 칸막이들이 더 그렇게 만든다.

한 연구기관은 구성원 대부분이 박사급 인재들이었는데도 뚜렷한 연구실적을 못 냈고 성과도 낮았다. 대부분 이런 조직은 서로 무슨 일을 하는지 모르고들 있다. 어디에 무엇이 있고, 어떤 능력을 갖춘 누가 있는지도 모른다. 누가 어떤 고민을 하고 있는지, 어떤 엄청난 기획을 하고 있는지도 전혀 모르고, 어디에 무슨 기회가 있는지도 모른다. 일단 높은 칸막이들이 사람과 사람, 부서와 부서를 숨도 못 쉬게 막고 있는 경우가 대부분이다.

모래알처럼 따로따로 움직이는 조직은 팀 간, 부서 간에 정리정돈이 안 되어 있는 경우가 많다. 어떤 문제가 생겼을 때 어디로 가서 누구를 만나야 하는지 쉽게 알 수 없다. 문제해결의 절차가 굉장히 복잡하고 신속한 실행체계가 없다. 단절되어 있으니 중복된 일을 하면서도 서로 모른다. 한 부서에서 겪은 시행착오를 또 다른 부서에서 똑같이 겪는다. 뿐만 아니라 옆자리 동료가 얼마나 힘들게 일하고 있는지도 모르고, 어떤 고민이나 생각을 가지고 있는지도 모른다. 무슨 도움이 필요한지도 모르니 해법이 공유되지도 않는다.

게다가 이러한 보이지 않는 간극은 개인주의, 부서 이기주의를 만들어낸다. 당연히 인적, 물적, 시간적 투자만큼 성과를 내지 못하는 경우가 허다하다. 사람이 성장하지 못하고, 쓸데없는 갈등 때문에 똑같은 일도 훨씬 힘들게 하는 소모적인 조직이 된다. 말 그대로 외부의 적보다 훨씬 더 무서운 적이 내부에 생기는 것이다.

어디로
가는지

보이게
하라

2

지금 이 배는 어디로 가는가? 유능한 인재가 뿌리를 내리고 성장하려면 새로운 항해를 선언해야 한다. 조직 전체를 활성화시켜 꿈틀꿈틀 움직이게 하려면 도전할 만한 목표를 다 같이 납득할 수 있도록 공유하는 것이 중요하다. 어디로 가는지 목적지가 분명해지면, 개개인은 이기심과 과거의 성공방식을 버리고 스스로 성장의 해법을 모색한다.

쓰던 근육만
쓰게 하는 회사가
가장 위험한 회사다

원래 재능이 많고 똑똑했는데 시간이 갈수록 도태되는 사람들이 있다. 어려운 일에 도전하지 않고 안전지대에만 머물렀기 때문이다. 쉬운 목표만 편안하게 이루다 보니 도전하고자 하는 욕구나 동기도 사라졌다. 간사한 게 사람의 마음이어서 앉으면 눕고 싶고, 누우면 자고 싶다. 편한 환경에 있으면 점점 더 편한 것을 찾게 마련이다.

이처럼 어려운 일에 도전하지 않는 사람들, 안전지대에서 편하게 지내겠다는 사람들이 늘어나면 그 조직은 얼마 못 가 망한다. 안정적인 큰 배에 탔다고 좋아하는 사람들이 많을수록 그 배는 더 빨리 난파선이 된다. 미안한 얘기이지만, 이 시대는 성장 혹은 후퇴 중 하나다. 중간이 없다. 그 자리에 가만히 있는 것은 퇴보다.

혹자는 이렇게 반문할지도 모른다. 쉬운 목표라도 꾸준히 도전하고 이룬다면 괜찮은 것 아니냐고 말이다. 문제는 그렇게 쓰던 근육만 계속 쓰면 몸이 금방 고장 난다는 것이다. 우리 몸에 있는 수백 개의 근육 중에 단 하나만 계속 쓴다고 생각해보라. 어떻게 되겠는가? 당연히 그 하나의 근육도 오래 버티지 못하겠지만, 나머지 근육들은 모두 퇴화되어 버린다. 그러면 전신의 건강을 위협하는 심각한 불균형이 생긴다.

일하는 근육도 그렇다. 새로운 시대에 맞게 일하는 근육을 키우지 않으면 시간이 갈수록 우리가 설 자리는 위태로워진다. 평소에 안 쓰던 근육을 쓰면서 주변 근육들까지 단련시킬 수 있는 목표가 필요하다. 개인, 조직, 시장에 이로운 목표, 성장하게 해주는 목표, 미래를 보장하는 목표가 바로 그것이다.

앞에서 말한 유니클로는 소위 '땡처리 업체'로 출발했다. '땡처리'란, 발주나 생산에 착오가 생겨 납품이 취소되거나 다른 문제 때문에 공장이나 창고에 쌓여 있던 물건을 염가로 사와 빠르게 처분하는 것이다. 물건들은 브랜드나 수량보다는 무게를 달아 현금으로 거래한다. 판매력이 있는 조직은 좋은 물건들을 현금으로 저렴하게 사와서 매대에 산더미처럼 쌓아놓고 빨리 팔아치운다. 그것이 능력이다. 유니클로는 그렇게 시작했다.

유니클로는 그냥 장사를 하는 것에 만족하지 않았다. '영원한 벤처기업'이라는 DNA로 '세상에 없어지면 불편해지는' 그런 회사가 되고자 했다. 사업 초기의 슬로건은 '옷을 바꾸고, 상식을 바꾸고, 세상을 바꾸자.'

였다. 비장한 열망이 느껴지는 슬로건이다.

앞에서 소개한 것과 같이, 유니클로는 1984년에 창업해 우여곡절 끝에 1990년대 초 히로시마 증권거래소에 상장했지만, 그때까지만 해도 말하자면 시골 촌뜨기였다. 하지만 1998년에 본격적인 자체 브랜드로 단일상품 플리스 재킷에 집중해 단번에 인지도를 높이며 수도권 진출도 성공했다. 이듬해인 1999년에는 1조 원 매출을 올렸고, 그다음 해에는 2조 원을 돌파한 데 이어 2001년에는 매출액 4조 원을 돌파했다. 가히 폭발적인 성장세를 보이며 세상을 놀라게 했다.

유니클로는 직원들이 안주의 관성을 깨고 과감한 도전에 나설 수 있도록 계속 새로운 목표를 내걸었고, 직원들은 끊임없는 자기계발과 새로운 변신을 통해 일근육을 키우며 직장생활을 개인의 성장과 성공의 기회로 삼았다.

지금 당신은 어떤가? 회사를 10년, 20년 다니다 어느 날 문득 쓰던 근육만 쓰고 있는 자신을 발견한 적 없는가? 나만 빼고 완전히 변해버린 시장과 세상을 보고 깜짝 놀란 적 없는가? '그동안 나만 성장이 멈춘 채로 있었구나.' 하는 생각이 든 적 없는가? 세상은 바깥에서 저 혼자 쏜살같이 뛰어가는데, 나는 그냥 울타리 안에 멍하니 있었던 것 같은 느낌 말이다.

이런 사람들은 경력이 쌓일수록 새로운 것을 못 받아들인다. 그렇다고 통찰력이나 혜안이 생긴 것도 아니고, 내면의 수용력이나 절제, 아량

같은 것이 커지지도 않았다. 예전에는 체력이라도 좋아서 그럭저럭 버텼지만, 이제는 떨어진 체력을 대신할 지력이나 유연성, 창의력이 없다는 것이 문제다.

10% 성장이 아니라
10배 성장을 목표로

도전적이고 과감한 목표를 가져야 한다는 것, 다 좋다. 그런데 모두를 성장하게 해주는 그런 목표는 어떻게 설정할까? 의식적으로 완전히 다른 새로운 방법을 고민하게 하고, 거기에 뇌를 풀가동시키는 목표는 어떻게 세울까?

목표를 설정할 때 알아야 할 것이 하나 있다. 10% 성장은 일정 부분을 개선하는 것으로 가능하지만, 10배 성장은 일하는 방식을 혁신해야만 가능하다는 것이다. 그러므로 내가 이 책에서 말하는 목표는 10% 성장이 아니라 10배 성장을 이루는 '일하는 방식의 완전한 혁신'이다.

도전적인 목표를 세우고 도전할 때, 사람들은 노하우, 아이디어, 정보가 부족해서 힘들다고 말한다. 어려운 것이 당연하다. 어렵지 않은 목표는 나를 성장시켜주는 도전적인 목표가 아니다. 그냥 '해왔던 일을 또 하는 것'뿐이다.

그렇다고 무작정 크고 원대한 목표, 절대로 달성할 수 없는 무리한 목표를 세우라는 것이 아니다. 무리한 목표와 도전적인 목표는 다르다. 무리해 보이는 목표도 거기에 나의 치열한 고민과 열망, 의욕이 들어가면 도전적인 목표, 도전할 만한 목표가 된다. 하지만 아무 고민 없이 막연하게 바라기만 한다면 그 목표는 그저 달성 불가능한 무리한 목표일 뿐이다. 성장도 없고 더 나은 성과도 기대할 수 없다. 진정한 목표에는 어제의 나의 한계에 도전하겠다는 내 생각과 의지가 들어가야 한다. 그런 목표야말로 나를 고민하게 만들고 스스로 해법을 찾게 만들기 때문에 성장의 원동력이 된다.

'길이란, 내가 가면 뒤에 만들어지는 것'이라는 말이 있다. 비즈니스도 마찬가지다. 남들이 만들어놓은 길을 따라가서는 먹고살기 힘든 시대다. 물론 아무도 가지 않은 길을 가는 것은 누구에게나 어렵다.

흔히 신제품이나 새로운 아이디어를 논의할 때, "남들도 이런 것을 시도해보았나?" 혹은 "다른 데서 성공한 사례가 있나?" 하고 묻는다. 남들이 성공했으면 우리도 하겠다는 발상이다. 하지만 그런 구태의연한 생각으로는 그 어떤 새로운 것도 만들어낼 수 없다. 남들도 똑같이 하는데 무슨 매력이 있겠는가? 선행사례나 기존의 성공사례에만 매달리면 고작해야 N분의 1이다. 돈이 된다고 소문나면 경쟁자들이 몰려올 테고, 나중에는 남는 게 아니라 일을 하면 할수록 혹은 팔면 팔수록 마이너스다.

그래서 비즈니스는 아무도 가지 않은 길, 예전에 가보지 않았던 길을 가야 할 때가 많다. 물론 그런 길에는 많은 어려움들이 잠재되어 있다.

그리고 그런 어려움을 극복하는 힘이 바로 함께 가는 지혜, 끈끈한 결속력이다.

과감하고 도전적인 목표가 반드시 있어야만 하는 또 하나의 이유가 바로 이것이다. 도전적인 목표는 조직 전체를 하나로 묶어주어 '원 팀one team'으로 만들어준다. 개인이든 조직이든 알고 싶은 만큼 보이는 것처럼, 일 역시 성공하고 싶은 만큼 보인다.

크고 튼튼한
범선이 순식간에
난파한 이유

어느 회사의 목표는 "모든 것을 절반으로 줄이자."라고 한다. 그 의미는 시간과 절차를 반으로 줄이고, 제품의 크기를 반으로 줄이고, 생산단가와 비용을 반으로 줄이고, 제품생산에 소요되는 시간을 반으로 줄이자는 것이다. 업종과 상품에 따라서 차이는 있지만 성숙한 시장에서는 신상품도 2~3년이면 제품가격이 반으로 내려간다. 더 좋은 제품들이 계속 시장에 쏟아져 나오기 때문이다.

그밖에도 가격 대비 성능에서 세계 최고의 경쟁력을 갖추자, 세계 제일의 고수익 기업을 만들자, 업계에서 가장 신속한 서비스를 제공하자, 이용하기에 가장 안전하다는 평가를 받자, 영업이익률을 15%로 올려 미래에 투자하는 일등 기업을 만들자 등을 목표로 삼은 기업들이 있다.

그런데 이처럼 도전적인 목표를 세우고 거기에 매진하기 위해서는, 전

임직원의 의식개혁이 선행되어야 한다. 생산성 향상의 핵심은 구성원의 의식개혁 의지와 긴장감, 집중력이 얼마나 오래 지속되는가다. 모든 구성원이 혁신에 대해 고민하고 생각하는 습관을 몸에 익히고, 현실을 정확하게 인지하고, 어떻게든 바꾸려는 시도를 생활화해야 한다. 그런 의식의 변화 없이는 회사가 혹은 상사가 아무리 들들 볶아도 결과는 달라지지 않는다.

앞에서 강조했듯이, 직원들에게 쓰던 근육만 계속 쓰게 하는 곳이 가장 위험한 회사다. 그런 회사에는 '새로운 일을 안 벌여야 좋다.'고 생각하는 직원들이 많아서 미래 신수종을 발굴하거나 신시장을 개척하려는 사람이 없다. 임원들도 다들 자기 임기 동안에는 별 탈 없이 지내려고 새로운 일에 도전하지 않는다. 경쟁력을 높여줄 새로운 제도나 기술을 도입하려고 하면 다들 눈치만 보거나 대놓고 반대하며 '피곤한 사람'으로 낙인을 찍는다. 그런 곳에서는 의욕적인 인재들이 들어와도 숨이 막혀 금세 떠난다.

적당히 하다가는
한순간에 무너진다

1990년대에만 해도 우리 주변에 다양한 형태의 패밀리 레스토랑이 줄을 서서 기다릴 정도로 상당히 성업했었다. 하지만 2010년 이후로 쇠락의 길을 걸었고 점포 수도 상당히 많이 줄었다. 한때 소비자들은 패밀리 레스토랑의 새롭고 안락한 분위기에 열광했고, 평소에 접하지 못했던 맛있는 스테이크, 파스타 요리에 빠져들었다. 또한 통신사, 카드사 회원을 대상으로 한 파격적인 할인 혜택도 유혹적이었다.

하지만 매장의 숫자가 늘어나면서 비슷비슷한 맛과 분위기, 획일적인 메뉴에 소비자들은 질리고 말았다. 신선도가 떨어지는 반가공 식자재를 사용하는 데다, 기름진 스테이크나 칼로리 높은 튀김류의 음식들이 많았기 때문이다. 이후 소비자들은 입맛이 '웰빙' 쪽으로 변해 새로운 맛을 찾아 나섰지만 패밀리 레스토랑들은 트렌드에 맞춰 변신하기보다는 과거에 누렸던 쉬운 성공을 놓지 못했다. 통신사, 카드사와 손쉽게 협업해서 쏠쏠하게 재미를 본 터라, 그것 역시 쉽게 떨쳐버리지 못했다. 소비자들이 진정으로 무엇을 원하고, 어떤 방향으로 가고 싶은지에 대해 고민하지도 않은 채 말이다.

게다가 소비자들이 다양한 온라인 채널과 SNS를 통해 신선하고 독특한 음식점들에 대한 정보를 왕성하게 공유하면서, 획일적인 메뉴에서 탈피하지 못한 패밀리 레스토랑의 인기는 점점 더 식어갔다. 그사이에 외식 시장에는 골목 맛집, 한식 뷔페 같은 새로운 강자들이 나타났다.

물론 그러한 침체를 겪은 후에 시장의 변화에 대응한 브랜드들도 있었다. 그들은 신선한 식자재를 이용하고 칼로리를 낮춘 메뉴들을 개발해 맛집 이상의 맛에 도전했다. 즉 신선하고 다양한 맛을 저렴하게 즐길 수 있는 패밀리 레스토랑으로 방향을 전환한 것이다.

비슷한 사례로 IBM의 PC 사업 매각에 관한 이야기가 있다. IBM은 기존의 주력 사업이자 과거에 화려한 명성을 쌓았던 PC·노트북 사업 부문에 우수한 인재들을 많이 배치했다. 계속해서 주력 사업이 될 것이라는 전망 때문이었다. 하지만 예상과 달리 PC 시장이 빠르게 침체되면서 실적은 급전직하로 떨어지기 시작했다.

그런데 더 큰 문제는 사내의 우수한 인재들이 과거의 영예와 안정을 찾아 계속 PC 사업 부문으로 몰렸다는 것이다. 그리고 그들은 과거의 성공에 젖어 시장의 빠른 변화에 대응하지 못했다. 또한 새로운 일에 도전하기보다는 고생해서 쌓은 자신들의 높은 학력에 대해 빨리 보상받고 싶어 했다. 비즈니스 정글에서는 학창 시절과 완전히 다른 일근육이 필요하고, 그것을 실행력의 중심에 두고 결과로 보여줘야 한다는 룰을 망각했다. 자연스럽게 실력은 정체되었고 열정도 퇴색했다. 이것은 그들만의 어리석음이 아니다. 인간은 누구나 필요에 의해서만 움직이는 게으른 뇌를 가졌다. 그래서 누구나 과거의 명성에 기대고 싶어 한다.

IBM 경영진은 다가오는 위협의 속도와 파장이 엄청나다는 사실을 깨닫고 더 이상 직원들이 스스로 각성하기를 기다릴 수 없었다. 그들은 과감한 결단을 미룰 수 없었고, 결국 가장 중심에 있다고 생각했던 PC 사업 부문을 매각했다. '명품 노트북 IBM'이라는 타이틀에도 미련을 두지 않았다. 환부를 과감하게 도려내는 외과 수술 없이는 그런 흐름을 도저히 바꾸기 어렵다고 본 것이다.

이처럼 지금 잘나가는 기업일수록 혁신의 강도를 높여야 한다. 더 크게 성공할수록 더 쉽게 타성과 안주에 빠지기 때문에 매너리즘, 오만, 자만심을 특히 경계해야 한다. 과거의 화려한 성공에 취해 '적당히 안주하려는 조직'이야말로 한순간에 처참하게 몰락할 수 있다.

아무도 새로운 일을
안 하려는 조직

"지금 시장을 지배하고 있는 승자들은 동시에 내일의 잠재적인 패자일 수도 있다."

《창조적 파괴》를 통해 혁신의 중요성을 강조한 리처드 포스터Richard Foster의 말이다. 지금 시장의 승자들은 성공의 함정에 빠질 가능성이 높다는 뜻이다. 성장하고 있는 상태라면 현재의 문화, 관행, 불문율에 쉽게 따라가려는 안주의 관성에 빠진다. 그것이 곧 성공의 함정이다.

소위 '승자의 저주'에 빠지지 않는 방법은 지속적인 혁신을 통해 체질을 바꾸는 것뿐이다. 그래야만 조직은 어느 때고 긴장감을 잃지 않고 혁신을 이어간다. 성공에 안주해 '문화적 폐쇄성'에 빠진 구성원과 조직은 다음 단계로 도약하기 어렵다. 도약은커녕 얼마 못 가서 무너지고 만다. 한때 성공했다가 무너진 개인과 기업의 공통점은 단 하나다. 도전을 멈추고 안주를 선택했다는 것뿐이다.

왜 안주를 택할까? 입사할 때부터 '회사에 가서 아무것도 안 해야지.'

하고 결심하는 사람은 없다. 하지만 아무도 책임지지 않으려 하고, 그래서 아무도 새로운 일을 하지 않으려는 조직 문화에 젖어들다 보면, 나도 모르게 그렇게 된다. 남들이 다 해본 것, 문제가 없는 것만 받아들이고, 새롭게 무엇인가를 시도하거나 남들보다 먼저 무언가를 창출하려는 노력은 하지 않게 된다. 그러면 시장을 선점할 기회는 점점 더 멀어진다. 남들도 다 하는 레드오션에만 머무르니 경쟁은 점점 더 치열해지고 수익은 신통치 않다.

그 결과는 어떻게 될까? 회사는 적자가 나고, 잉여 인원이 생긴다. 유능한 인재들은 다 빠져나가고 경쟁력 없는 인재들만 회사에 남는다. 이처럼 새로운 것을 거부하는 경직성은 개인과 조직을 모두 퇴보하게 만든다. 회사가 어려움에 처하는 것은 시간문제이고, 나중에는 서로에게 돌을 던지며 누구는 남고 누구는 떠나야 하는 고통이 따른다. 떠나는 사람들은 "조직이 나를 내쳤구나."라는 배신감에 치를 떨고, 남은 사람들은 과로와 불안으로 점철된 괴로운 하루하루를 이어간다.

그렇다면 타성에 젖은 문화, 조직의 적당주의를 어떻게 타파할 것인가? 도전하는 문화가 훼손되면 그 조직은 손에 물 안 묻히고 기름때 안 묻히려 하면서 우아하게 대접받고 남들 위에서 군림하려는 사람들로 넘쳐나기 시작한다. 얕은 지식이나 짧은 경력으로 위세를 떨기도 한다. 이런 조직이 다행히 아직 망하지 않았다면 서둘러 강력하게 체질을 개선하고, 직원들을 제대로 성장시킬 방법을 찾아야 한다.

현실적인 목표로는
현실을
극복할 수 없다

대부분의 회사는 연말이 되면 내년도 목표를 세운다. 팀별, 파트별, 개인별 목표도 세우고, 분기별, 월별 목표도 세운다. 그런데 이때 현실적인 목표라며 지나치게 낮게 잡아도 눈총을 받고, 지나치게 높은 비현실적인 목표를 잡아도 비난을 듣는다. 대체 어쩌라는 말인가.

'적당한 목표'라는 것은 아마도 조직의 분위기가 보수적인가 도전적인가에 따라서 달라질 것이다. 더불어 시장의 상황도 고려해서 '적당히 눈치껏 잘' 세워야 무난하게 넘어가지 않을까? 하지만 이런 생각을 해왔다면, 지금 당장 꿈 깨라고 말하고 싶다. 눈치껏 잘 세운 '적당한 목표'가 아니라 가슴을 두근거리게 만들고 내 일근육을 키워줄 도전적인 목표가 필요하다.

목표는 크면 클수록 현실과 동떨어진 느낌이 든다. 그러나 현실만 가지고, 또는 현실만 이야기해서는 그 현실을 바꿀 수 없다. 지금의 현실적인 존재능력만 가지고는 미래가 보장되지 않는다는 뜻이다. 현실에 만족하고 지금 상태가 계속 유지되기를 바란다면 미래의 입지는 점점 좁아진다. 너무 당연한 말이지만, 미래는 우리의 기대나 예상대로 펼쳐지지 않는다. 때문에 현실과 동떨어져 보이는 도전적이고 과감한 목표를 세우는 것이 중요하다. 그런 이상과 바람이 담긴 목표가 있어야만, 우리는 미래를 제대로 대비하고 능동적으로 이끌어갈 수 있다.

목표에 이상을 담고, 무엇을 실현하고 싶은지, 어떻게 미래를 바꾸고 싶은지, 어떤 방향으로 나아가고 싶은지를 분명히 밝혀보라. 공감하는 사람들이 생길 것이다. 현실과 동떨어져 보였던 과감한 목표도 공감하는 사람이 많아지고 여러 사람의 에너지가 모이면 위력이 커진다. 그때 비로소 목표는 진정한 힘을 발휘한다. 특히 조직이나 팀의 목표는 구성원들의 공감과 지지를 얻을 때 에너지가 집중되면서 한층 강력해진다.

그래서 목표는 도전적이고 과감해야 하며, 동시에 구성원들의 지지를 얻을 수 있는 설득력을 갖춰야 한다. 이것은 목표를 만들어내는 자의 능력이다. 특히 시장의 변화를 먼저 감지하고 새로운 기회의 땅으로 조직을 이끌고 갔던 위대한 리더들은 그런 능력들을 잘 갖춘 인물들이었다.

그런데 그런 도전적인 목표를 세우고 나면 걱정스러운 게 하나 있다. 얼마나 달성할 수 있을까. 쉬운 목표를 잡고 100%를 달성한 A와 조금 어려운 목표를 잡고 70%를 달성한 B, 둘 중 어느 쪽이 잘한 걸까?

숫자로 보면 A가 더 바람직한 것 같다. 그래서 B에게 "왜 달성하지도 못할 목표를 그렇게 높게 잡느냐?"고 반문하는 사람도 있을 것이다.

하지만 A와 B 중에 누가 더 발전하겠는가? 안전한 목표를 100% 달성했다며 '목표 달성 100%'라고 좋아할 일이 아니다. A처럼 안전한 목표치만 가지고 그럭저럭 탈 없이 몇 년 보내다가 나중에 허무하게 망가지는 사람들을 나는 주위에서 많이 봐왔다. 경력은 쌓였는데 실력은 늘 제자리고, 새로운 것에 대한 두려움만 커져서 가지고 있던 일천한 실력조차 쪼그라드는 경우다. 그런 안전한 목표들만 좋아하는 인재들이 많아지면 조직도 결국 힘없이 무너진다. 안전한 목표로는 혁신적인 신기술, 시장을 뒤엎을 신제품, 새로운 시장개척 같은 성과를 기대하기 어렵기 때문이다.

성장통은 곧
생존통

'허리는 낮추고 목표는 높이라.'는 말이 있다. 목표치를 높게 잡았다면 80%만 달성해도 현실에 안주하는 것보다 훨씬 낫다. 잘나갈수록 겸손한 자세로 도전적인 목표를 지속적으로 세워야 한다. 잘 풀릴 때일수록 사람들은 방심하기 쉽다. 가능하면 낮은 목표를 설정한 다음 그것을 달성했다고 샴페인을 터뜨리고 싶은 것이다. 하지만 이런 사람 치고 정년을 채운 사람이 없고, 독립해서 성공다운 성공을 이룬 사람도 없다.

조직 내부에는 '할 만큼 했고 지금 잘되고 있다.'며 그냥 적당한 선에서 만족하는 사람도 있을 것이다. 팀원 중에는 그런 사람이 있을 수도 있다. 하지만 그런 사람이 리더의 자리에 있으면 안 된다. 왜 그런가? 그런 사람이 리더가 되면 열정적이고 도전적인 인재들이 그 조직에 남으려 하지 않기 때문이다.

앞에서도 말했듯이 젊고 유능한 인재들은 일을 통해 자신의 한계가 어디까지인지 테스트해보고 싶어 한다. 또한 한 번쯤 세상을 바꿔보고 싶다는 호기로운 야망도 가졌다. 그래서 그런 영향력을 발휘할 수 있는 일에 도전해보고 싶은 갈증을 늘 느낀다. 이처럼 새로운 도전을 통해 뭔가 이뤄내고 싶고, 강한 성취 욕구를 가진 혈기왕성한 인재들, 자신의 미래를 직접 개척해보려는 인재들은, 현실에 안주하려는 늙은 조직에 오래 머무르지 않는다.

결국 그런 인재들이 뿌리를 내리고 그들에게 성장의 기회를 주려면 새로운 항해를 선언해야 한다. 조직 전체를 활성화시켜 꿈틀꿈틀 움직이게 하려면 도전할 만한 목표를 다 같이 공유하는 것이 상당히 중요하다. 그 과정에서 개인들은 과거의 성공방식에서 탈피해 체질개선을 통한 성장의 해법을 모색한다.

사람들은 종종 자신의 한계를 스스로 설정해버리는 실수를 한다. 때문에 더 클 수 있는 사람이 크지 못한다. 하지만 조금 부하가 걸리는 정도의 목표를 설정하면, 약간의 성장통은 있을지언정 그만큼 성장할 수 있다.

평소에 하던 일보다 약간 더 과부하가 걸리는 업무를 하면, 당연히 힘이 들고 무리가 따른다. 그런데 한 번씩 그렇게 버거운 일을 해보면 사람은 스스로 극복하는 방법을 찾는다. 특히 일을 배우는 단계에서는 자신이 정한 한계보다 조금 더 높은 목표를 설정하는 것이 중요하다. 그래야 힘든 시기를 극복하면서, 한계가 점점 높아지기 때문이다.

그렇게 하다 보면 힘든 상황에서 자신을 빠르게 정상화시키는 나름의 테크닉도 생긴다. 재충전과 회복의 기술도 한 단계 업그레이드된다. 안전한 목표로 자신을 안전지대에만 가둬둔다면 스스로가 무기력과 타성에 젖어 매력 없는 존재로 퇴화된다. 나중에는 조직도, 상사도 책임져주지 않는다. 그냥 내 인생만 고달파지는 것이다.

'한 치수 큰 모자'를
써보라

목표를 세울 때는 '한 치수 큰 모자one size bigger hat'를 기억해야 한다. 현재의 보직이나 직급보다 한 단계 더 높은 직급의 관점에서 생각하고 행동하라는 말이다. 대리라면 과장처럼 일하고, 과장이면 부장의 관점에서 바라봐야 나른 것이 보인다. 또한 이제는 연공서열이 아닌

실력주의 사회다. 때문에 대리가 과장같이 일하면 금방 과장이 된다. '과장으로 승진시켜주면 내 실력을 보여주지.' 하는 대리는 영원히 과장으로 올라갈 수가 없다.

그런데 이러한 '도전적인 목표'는 조직 내부에 '도전하는 문화'가 조성되어 있어야만 가능한 일이다. 모든 사람이 '이대로는 안 된다. 바꿔야 한다.'는 위기의식을 가져야 한다. 사실 현장에서 일하는 사람들은, 문제가 있거나 불필요한 관행이 자꾸만 발목을 잡을 때, 이를 바꿔야 한다는 사실을 누구보다 잘 안다. 잘못된 규정이나 비효율적인 규칙도 가장 먼저 피부로 느낀다. 관리 파트에서나 생산·서비스 현장에서나 마찬가지다. 하지만 괜히 도드라지기 싫어서 혹은 윗사람에게 밉보일까 봐 그대로 눈감거나 하던 대로 계속하는 경우가 참 많다. 어떻게 바꿔야 좋은지, 바꾸려면 어떻게 해야 하는지 알고 있어도 그렇다.

외부환경은 정신을 차리기 어려울 정도로 급속도로 변하는데 내부가 '고인 물'처럼 고요하다면 현재 수준도 유지할 수가 없다. 이런 상황에서 우리는 어떻게 해야 할까? 성장통을 생존통으로 받아들이는 적극성을 가져야 한다. 조금씩 꾸준히 성장통을 겪지 않으면 생존 자체가 불가능해지니까 말이다.

창업 초기에는 남들보다 더 빨리 뛰고 더 많이 달려 간신히 성장동력을 확보한다. 시장의 변화를 빠르게 간파해 급성장하기도 한다. 그러다 보면 덩치가 커지고 사람들도 많이 몰려온다. 그런 상황에서 얼마든지 성공에 도취되어 긴장 대신 안정에 빠질 수도 있다.

하지만 리더는 그러지 말아야 한다. 리더가 안정을 취하기 시작하면 구성원들은 모두 더 좋은 쪽으로 혁신하거나 새로운 일에 도전하려 하지 않는다. 하던 대로 하면 된다고 생각하고, 그냥 그런 제품도 내놓으면 팔릴 거라고 속단한다. 자신들은 충분한 실력이 있다며 쓰던 근육들만 계속 쓰는 것이다. 새로운 도전에 소극적이다 보니 감각도 무뎌진다. 시장을 읽는 감각이 사라지니 그저 시장을 따라가기에 바쁘고, 나중에는 도저히 따라갈 수 없는 지경에 이른다.

덩치는 충분히 커졌는데, 조직과 리더가 도전보다 안정을 추구하면 구성원들은 더더욱 움직이려 하지 않는다. 새로운 시도는 기대하기 어렵고, 모두가 하던 방식에서 벗어나지 않는다. 근육은 사라지고 지방만 늘어난 몸처럼 움직임이 둔해지고 소통은 단절되며 의사결정도 느려터져서 아무것도 되는 일이 없다.

그렇게 시장 점유율과 실적이 계속 떨어지면 과거의 영광은 흔적도 없이 사라진다. 체면을 구기고 쪼그라든 채로 시장에서 빠르게 밀려난다. 하지만 이렇게 위기가 커져가도 이미 비대해진 몸은 손쓸 수 없을 정도로 변해버렸다. 속절없이 무너지는 수밖에 없다. 조직은 파탄 나고 직원들의 운명 또한 불 보듯 뻔하다. 앞에서도 말했듯이, 안정적인 큰 배에 탔다고 좋아했던 사람들이 하루아침에 난파선에서 불안에 떨게 된다.

절대 가라앉지 않는다던 타이타닉 호처럼 거대해진 소니와 노키아도 창업 초기의 도전정신과 활력을 잃자 어마어마한 위기가 닥쳤고 곧 침

몰했다. 하지만 애플, 삼성 등 몇몇 기업들은 전 세계적인 불황에도 여전히 선방하고 있다. 이들 조직 내에서는 도전정신이 숨 쉬고 있기 때문이다. 단언컨대 이제는 그 어떤 기업도 지속적인 도전으로 내부 혁신을 이어가지 못하면 살아남을 수 없다.

당장 결과가 나오는 도전도 있고, 또 전혀 그렇지 않은 도전도 많다. 중요한 것은 도전을 지속하는 것이고, 반드시 결과가 나올 때까지 도전을 멈추지 않겠다는 의지다. 상품에 수명이 있고, 그대로 놔두면 갈수록 그 수명이 짧아지듯이 도전하지 않는 순간 개인과 조직은 성장을 멈춘다. 겉으로는 제자리걸음처럼 보여도 멈춰 있다는 것은 곧 후퇴를 의미한다.

10배 성장을
가능케 하는
문샷 씽킹

앞에서 말했듯이, 기존의 성과에서 10% 정도만 높이라고 하면 사람들은 '해오던 방식을 살짝 바꾸고 조금만 더 노력하면 쉽게 달성할 수 있겠다.'고 생각한다. 하지만 10배 성장을 목표로 잡으면 '해오던 방식'도 안 되고, '살짝 바꾸기'도 안 된다. 더군다나 '조금만 더 노력'하는 것으로는 절대 불가능하다. 10% 개선과 10배 성장, 어느 쪽을 선택해야 할까? 우리가 익히 아는 대단한 성과를 낸 조직들은 공통적으로 후자를 택하고 장려했다.

이상적인 목표는 시장을 뒤흔들고 판도를 바꾸고, 완전히 다른 시장을 만들어낼 수 있는 목표다. 그런 목표를 가지면 과거에 해왔던 방식과 고정관념을 버리고 백지상태에서 완전히 다시 시작하는 것처럼 혁신적인 방식을 고민해야 한다. 과감한 목표를 마음에 품었을 때 사람들은 더 치열하게 고민하고, 거기에서 획기적인 사고력이 생긴다.

하늘 아래 새로운 것은 없고, 아무리 획기적인 발상도 하늘에서 뚝 떨어지는 것은 아니다. 세상에 이미 있는 것들을 어떻게 새롭게 활용하느냐의 문제다. 그것을 고민하게 하고 찾아 움직이게 하는 것이 바로 '과감한 목표'다.

단순히 상상에 머무르지 않고 이를 곧바로 실행하는 능력, 불가능해 보이는 생각을 실제로 만들어 나가는 것을 '문샷 씽킹moonshot thinking'이라고 한다. 예를 들어 달을 조금 더 잘 보기 위해 더 성능 좋은 망원경을 만드는 대신 아예 탐사선을 만들어서 달에 가자고 생각하는 것이다. 이런 혁신적인 사고 덕분에 인류의 달 탐사는 결국 현실이 되었다. 그 외에도 인터넷, 스마트폰 등이 문샷 씽킹의 예다.

이처럼 꿈 같은 목표, 즉 과감하고 파격적인 비전과 목표를 세울 때도 문샷 씽킹이 필요하다. 구체적인 계획이나 방법이 없더라도 먼저 가야 할 방향을 정하고, 도전적인 목표를 정하라는 것이다. 뇌는 필요에 의해서만 움직이고 이유가 절박할수록 활발하게 돌아간다. 목표가 생기면 뇌는 구체적인 계획과 방법을 만들어내게 되어 있다. '10%의 개선이 아니라 10배의 성장'을 목표로 하면, 그때부터 뇌는 힘차게 돌아가기 시작한다. '어떻게 하면 10배 성장이 가능할까?'라고 계속 자문자답하다 보면 하나씩 길이 보인다. '일하는 방식을 완전히 바꾸고 혁신해야 되겠구나.'라고 생각하게 된다.

혁신과 창조는 '세상에 없는 것들' 속에서 생각해내는 것이 아니라, 세상에 널려 있는 것들 중에서 세상에 없는 것들을 상상할 때 만들어진다. 세상에 있는 것들을 열심히 배우고, 조합하고, 결합하고, 융합하고, 상상하고, 수정하고…, 이렇게도 해보고 저렇게도 해보고, 남들의 힘과 능력도 빌리고…, 그런 지난한 과정을 거치면 불가능해 보였던 것들이 현실에 가까워진다.

구글에는 '구글X'라는 비밀연구소가 있다. 구글X의 미션은 X라는 인류의 문제들을 고민하고 해결하는 것으로, 인류 차원의 문제에 관심을 가진 모든 사람들이 힘을 모아 해결해보자는 취지다.

예를 들어 구글X는 이런 문제들을 고민했다. 환경에 무해한 자동차는 어떻게 만들까? 장애인이나 노약자들이 쉽게 이용할 수 있는 자동차는 없을까? 교통사고로 인한 인명 피해가 없는 세상은 어떻게 만들까? 이러한 고민에서 출발해 그들은 무인자동차 개발 프로젝트를 시작했다. 또한 '아프리카 오지처럼 인터넷 보급이 어려운 열악한 환경에서도 인터넷을 사용하려면 어떻게 해야 할까?' 같은 고민은 하늘에 기구를 띄워 해결했다.

이처럼 구글X가 해결하고자 한 문제들은, 고객의 욕구나 고민, 고객의 삶의 질을 개선하는 방법, 시장의 문제까지도 연결되었고, 이는 곧 신기술, 신상품, 신시장 개척으로 이어졌다.

우리 회사의 현안에 대해서도 구글X처럼 문샷 씽킹을 해볼 수 있지 않을까? 예를 들어 감동을 줄 만한 매력적인 가격을 먼저 정한 후에 그에 맞게 원가를 구성해보고 일하는 방식을 바꿔보는 것이다.

열정과 에너지를
담은 목표란?

목표를 보면 안주를 선택했는지 도전을 선택했는지를 알 수 있다. 리더가 안주를 선택하면 조직 전체가 활력을 잃는다. 의욕적인 부하직원들이 제안한 아이디어와 획기적인 기획안들이 싹도 틔워보지 못하고 사라지고, 리더 역시 불안감과 책임감에 짓눌린다. 이렇게 되면 개인이고 팀이고 아무것도 할 수 없는 상황에 빠진다.

특히 리더라면 '나의 성공이 모두의 성공'이 되는 그런 목표를 가져야 한다. '나만 먹고살면 되는 목표'는 위험하다. 리더가 자신의 목표달성만 생각하면 아랫사람들은 움직여주지 않는다는 말이다. 팀원들이 함께 성장할 수 있는 목표를 가지고 그들의 정서까지 관리해줘야 한다. 예전처럼 내 일만, 내 성과만 생각하는 사람은 리더로서 자격이 없다.

오늘은 어제와 다른 성공, 어제와 다른 도전정신이 필요하다. 그 속에는 내 의지와 각오, 절실함이 들어가 있어야 한다. 그래서 목표를 세운 후에는 스스로에게 이렇게 물어봐야 한다.

"이 목표에서 나의 혼을 느낄 수 있는가? 나의 에너지와 열정이 묻어 나는가?"

열정이 느껴지는 목표는 개인과 조직의 발전을 이끈다. 또한 얼마나 일을 사랑하는지, 어떤 사명감을 가지고 일하는지를 측정하는 지표가 된다.

가치와 목표를 공유하고 그것에 집중하는 조직은 그 목표를 이뤄낼 수 있다. 하지만 꾸준히 지속되지 않는다는 게 문제다. 처음에는 구호를 외치며 의욕적으로 시작하지만, 목표는 머릿속에서 금세 사라져버린다. 결과가 제대로 나올 때까지 일관성 있게 밀어붙이기가 쉬운 일은 아니다. 그래서 리더가 필요하다. 리더가 반복적으로 그 가치를 전달하려고 노력해야만 조직은 서서히 변화하기 시작한다.

이 숫자 어디에
당신의 의지가
담겨 있는가?

노력보다 중요한 것이 간절함이다. 사람은 무슨 일이든 간절하게 바라는 만큼 해내기 때문이다. 더 완벽해지고 싶고, 지금보다 더 높은 수준에 오르고 싶고, 불가능한 것을 이루고 싶은…, 그런 결핍을 느낄 때 에너지가 솟아난다. 또한 더 큰 사회적 가치를 실현하고자 하는 열망도 나를 이끄는 힘이 된다. 이러한 내면의 에너지를 끌어내기 위해서는 자신에게 가장 절실한 것을 목표로 정해야 한다.

이때 쉬운 문제는 별 도움이 안 된다. 누구에게도 매력적이지 않다. 어려운 것은 누구에게나 힘들지만, 도전할 만한 가치가 있는 일이라면 그 일을 해낸 사람에게 큰 보상을 돌려준다. 쉬운 방법, 상식적인 발상, 남들도 하는 고만고만한 수준의 노력으로는 그 도전과제를 해결할 수 없다. 이전과 다른 한계에 온몸으로 부딪칠 때 새로운 기회가 생기고, 새로운 길이 펼쳐진다. 문제는 그렇게 해볼 용기가 있느냐다. 그 용기는 나와 내 조직이 3년 후, 10년 후에 살아남느냐 아니냐를 좌우한다. 공동의 뚜렷한 목표를 가지고 움직이는 조직이 강한 이유가 여기에 있다. 쓸데없는 경쟁을 하지 않고, 각자가 가진 능력들을 모아 시너지를 극대화시키기 때문이다.

뇌과학자들의 최신 연구에 따르면, 인간의 의사결정 중 90% 이상이 무의식에서 행해진다고 한다. 무의식이 우리의 행동 대부분을 지배한다는 것이다. 반면 의식은 필요할 때만 제한적으로 작용한다는 의미이기도 하다. 그래서 우리는 어쩔 수 없이 과거의 방식, 익숙하게 해왔던 대로 의사결정을 내리고 실행한다. 이것이 매너리즘에 빠지는 이유다.

새로운 목표를 가지면 의식이 깨어나고 뇌가 일을 하기 시작한다. 스스로 새로운 아이디어를 생각해보고, 머릿속에 떠오른 아이디어를 실현시키기 위한 정보를 찾아 나선다. 그러다 보면 평소에 전혀 생각하지 않았던 분야에도 관심을 가지고, 평소에 보이지 않았던 것들까지 보게 된다. 이렇게 다른 분야, 다른 기술, 다른 문화, 다른 방식에서 힌트를 얻고, 그런 지식과 정보들을 머릿속에서 융합시키다 보면 또 다른 아이디어와 해법이 만들어진다. 그리고 이것은 신기술, 신상품, 신시장과 같은 경제적 가치들로 연결된다. 그냥 적당히 만족할 만한 목표를 가지고 움직이는 사람에게는 절대 기대할 수 없는 일이다.

회사의 목표는
사장님의 목표일 뿐?

조직이 성장하기 위해서는 무엇보다 목표의식이 중요하다. 이는 누구나 아는 얘기다. 도달하고자 하는 목표지점이 없는 배는 똑바로 항해하지 못하고, 과녁이 없으면 활을 쏠 필요가 없다. 개인도 마찬가지다. 목표가 분명하지 않으면 아무리 능력이 뛰어나도 그것을 발휘할 수가 없다. 도전적인 목표를 세우고 그것을 구체화시킬 때 사람은 성장하고 자기혁신이 가능해지는데, 이것이 특히 팀으로 이루어지면 정말 무서운 팀이 된다. 팀이 함께 목표에 매진하기 위해서는, 각자 자신의 생각이 들어간 목표를 설계할 수 있는 문화가 필요하다. 위에서 내려준 목표가 아니라, 각자의 고민과 열망, 의지를 담아야 진짜 목표다.

스스로 납득할 수 있는 절실한 목표가 있는가? 필요성부터 인식해야 공부가 잘되는 것처럼, 일에 관해서도 내게 절실한 목표가 있어야 집중할 수 있다. '이 목표 어디에 나의 의지가 들어갔는가?'라고 스스로 묻고 답할 때, 목표를 달성할 확률은 그만큼 높아진다.

조직의 목표도 마찬가지다. 앞으로 나아가려는 사람만이 중요한 보직이나 중심에 설 자격이 있다. 그런데 여기서 한 가지 유의할 점이 있다. 조직에서 리더가 숫자로 표현된 목표만 가지고 직원들을 몰아세운다고 해서 곧바로 좋은 실적이 나오는 것은 아니다. 그것은 제대로 된 리더십이 아니다. 먼저 역량에 알맞은 그릇을 주고 그것을 채우도록 하고, 그 그릇이 채워질 때쯤 조금 더 큰 그릇을 주면서 단계적으로 성장하도록 이끌어야 한다.

물론 이런 방식은 전제가 필요하다. 리더가 먼저 다가가 구성원의 감정을 이해하고, 그들의 마음의 소리를 경청해야 한다. 한마디로 적극적으로 정서관리를 해야 한다는 뜻이다. 동시에 진실한 소통을 통해 그들의 마음을 움직이고 설득해야 가능한 일이다. 리더에게는 과거에 자신이 팀원이었을 때 올렸던 뛰어난 실적이나 업무능력보다 구성원들을 설득하고 감정을 이해해주는 능력이 더 중요하다.

실제로 대부분의 조직에는 목표가 있다. 그런데 이것은 회사가 내세우는 목표일 뿐이다. 회사가 세운 목표밖에 없으니, 구성원들은 활력이 없고 동작이 굼뜨기만 하다. 팀도 마찬가지다. 팀의 리더가 자기 출세만 생각해 떼어주듯 명령식으로 목표를 할당하면, 그 팀은 팀원들의 목표는 없고 리더의 목표만 존재하는 팀이 된다. 당연히 팀원들에게서 의욕이나 기민함은 찾아볼 수가 없다.

그들에게 목표에 대한 절실함이나 절박함은 먼 우주의 이야기 같다. 한마디로 '아무 생각이 없는 상태'다. 표정이나 일하는 모습 어디에서도 긴장감을 느낄 수 없다. 그럴 수밖에 없다. 회사가 제시한 목표가 구성원의 마음속에 들어와 있지 않기 때문이다. 회사의 목표일 뿐 직원들에게는 해내고 싶은 일도, 해보고 싶은 일도 아닌 것이다. 이런 경우는 목표가 없는 것과 똑같다. 당연히 진정성이나 절실함이 존재할 턱이 없다.

그렇다면 회사가 내세우는 목표가 직원들의 마음에 닿으려면 어떻게 해야 할까? 먼저 리더들이 진심 어린 열망을 담아 목표를 설계했는지 물어야 한다. 직원들의 성공과 성장을 바라는 마음, 조직을 책임지고 이끌고 가겠다는 의식이 있는가? 목표에 대해서 충분히 공감할 수 있도록 팀을 다독이면서 끌고 나가는 문화가 없으면 분위기가 좋아질 수 없고, 목표와 일이 따로 놀 수밖에 없다. 목표는 그저 하기 싫은 숙제 같은 것이 된다.

하지만 반대의 경우는 어떨까? 리더와 구성원이 합심해서 목표를 세우고, 그것에 대해 한 사람도 빠짐없이 공감하고 열정을 갖는다면 그런 조직은 목표를 향해 놀라울 정도로 큰 에너지를 발산한다.

내가 납득한 목표만
내 목표다

왜 나는 그런 도전적인 목표에 도전해야 하는가? 목표에 대해 '왜'라고 물었을 때, 스스로가 납득할 만한 답이 없으면 그것은 내 목표가 아니다. 당연히 최선을 다하지도 않는다. 하지만 만약 그 질문에 거침없이 답이 나온다면, 자연스럽게 '어떻게how'를 질문하고 그 목표를 달성할 방법이나 프로세스를 스스로 궁리한다. 그 과정에서 자신이 가진 능력을 200% 쓰고, 부족한 부분이 있다면 어떻게든 채우려고 노력한다.

사람은 결핍을 느껴야 스스로 움직인다. 목표에 대해 '왜'를 물어야만 자신의 결핍을 제대로 인지할 수 있다.

내가 납득한 목표만 내 목표다. 그 속에는 내 생각이나 의지가 구체적으로 들어가 있기 때문이다. 다른 사람이 정해준 목표, 위에서 내려온 목표를 그대로 받아들이면 수동적으로 움직일 수밖에 없고 책임지고 싶은 마음도 달아난다. 그래서 "목표를 달성해야 합니다."가 아니라 "목표를 달성하겠습니다."여야 한다.

회사가 정해준 목표대로 일할 때 사람들은 자꾸만 환경을 탓하고, 책임지는 일은 무조건 남에게 떠넘긴다. 당연히 실력도 자라지 않고 보람도 없으며 성과도 못 낸다. 그러니 시간이 지날수록 점점 더 견딜 수가 없다. 연차가 쌓이는데도 스스로 책임지고 할 수 있는 일이 없기 때문이다. 운전은 남에게 맡기고 자신은 조수석에만 앉아 있겠다는 마인드로 무엇을 할 수 있겠는가? 조수석에 아무리 오래 타도 스스로 운전해서 갈 수 있는 곳은 없다.

물론 처음에는 역량이 부족해 조수석에 앉아야만 할 것이다. 하지만 그런 상황에서도 자신이 운전대를 잡고 있다는 생각으로 일하면 그 사람은 나중에 정말 운전대를 잡을 수 있다. 주도적으로 일해서 성과를 낼 수 있다는 말이다. 하지만 마냥 조수석 마인드로 생각 없이 앉아만 있으면 일이 점점 힘들어진다. 시간이 지나도 실력은 제자리이기 때문이다. 결국 사람은 무슨 일이든 내가 책임지고 해내겠다는 의식이 있어야만 일에 몰두하고 단단하게 성장할 수 있다.

실행에 대한
절박함이 조직을
강하게 만든다

일에 대해 알 만큼 알고 해볼 만큼 해본 사람인데도, 매사에 평론 늘어놓기만 좋아하고 실제로는 전혀 성과를 내지 못하는 사람들이 있다. 그 이유가 뭘까?

먼저 일에 대한 간절함이나 절실함이 있는지를 스스로에게 물어야 할 것이다. 나는 이 일을 통해 더 나아지려는 열렬함이 있는가? 이것이 일의 성패를 가른다. 여기서 열렬함은 절실함이나 간절함, 일을 통해 가치를 실현해보겠다는 치열함이다.

전망이 밝고 미래가 기대되는 조직이 되려면, 먼저 사람이 성장해야 한다. 그러려면 무엇이 필요할까? 공짜로는 안 된다. 대가를 지불해야 한다. 그 대가는 개개인의 치열함이고 그것으로 조직은 더 나은 미래를 살 수 있다. 그냥 성공하는 조직은 없다.

그렇다면 일을 통해 직원 개개인이 성공하고 성장하려면 어떤 조직이 되어야 할까? 답은 '실행 중심의 조직'이다. 실행에 대한 절실함이 조직을 강하게 만든다. 남다른 책임감과 집요함이 생기기 때문이다. 이것은 과거의 성공에 만족하지 않고 치열하게 앞으로 나아가는 장인정신과도 일맥상통한다. 만약 리더에게 이런 절실함이 없으면 빨리 그 자리에서 내려와야 한다. 왜냐? 열정과 에너지를 팀원들에게 전염시킬 수 없는 리더는 무엇을 하려고 해도 먹히지 않기 때문이다.

'주인의식'이라는 말을 많이 쓴다. 직원 입장에서는 '내가 주인도 아닌데 왜?' 하고 반문할 수도 있다. 윗사람이 주인의식을 가지라고 하면 '일을 얼마나 더 시켜먹으려고 저러나.' 하고 의심부터 한다. 하지만 주인의식을 가져야 할 중요한 이유가 있다. 주인이 돼야 문제가 보이기 때문이다. 문제가 보여야 고민도 하고 해답도 찾는다.

그래서 조직생활에서뿐 아니라 개인의 삶에서도 주인의식을 갖는 것은 매우 중요한 일이다. 아무리 훌륭한 인재라도 '하인의식'을 가졌다면 미래는 뻔하다. 스스로 일을 찾아서 하지 않고, 문제가 보여도 문제인 줄 모른다. 그러니 설사 해결할 능력이 있어도 해결하려는 의지가 없다. 이는 우리가 머슴이 되는 빠르고 간단한 길이다. 유능하던 사람이 무능해지는 것은 한순간이다.

쉬운 문제만 풀면 아무리 많이 풀어도
실력이 늘지 않는다

더 나은 성장, 성공을 위해서는 반드시 '치열함'이라는 대가를 지불해야 한다. 성공에는 반드시 고통이 따르는 것처럼, 한 계단씩 올라갈 때는 항상 시련이 함께 한다. 그냥 저절로 올라가지는 곳은 어디에도 없다. 결과에 대한 집념, 맡은 일에 대한 승부욕이 필요하다. 이것은 그 일에 대한 애정과 열정을 전제로 한다. 즉 절실함이다. 세금을 더 내야만 복지를 늘릴 수 있는 것처럼 뭔가를 지불해야 한다. 쉬운 문제만 풀어서는 성적을 올릴 수 없고, 누구나 할 수 있는 쉽고 간단한 일로는 연봉을 많이 받을 수 없다. 이는 아주 간단한 진리이지만 망각하기 쉽고, 가장 확실한 방법이지만 지속하기 어렵다.

노파심에서 한 가지 더 짚고 넘어가겠다. 개중에는 '나는 이대로가 좋다. 이대로 만족한다. 바꾸지 않고 그대로 있겠다.'는 사람이 있을 수 있다. 그 마음은 한편으로 이해가 되지만, 그의 바람과는 달리 세상은 우리를 그대로 놔두지 않는다. 다른 경쟁자들이 진화하면서 내가 설 자리가 점점 사라진다. 그냥 이대로 가만히 있고 싶어도 생존통은 불가피하게 찾아온다.

이나모리 가즈오 교세라 명예회장은 일본의 3대 경영의 신 중 한 사람이다. 그는 1959년에 교세라를 창업해 연매출 1조 엔이 넘는 세계 굴지의 전자부품 기업으로 키웠다. 2010년 1월에는 당시 총리와 정부의 간청을 받아들여 파산한 일본항공JAL의 재건을 맡았고, 투혼을 발휘해 2년 8개월 만에 재상장시켰다. 이나모리 가즈오 회장은 일본항공 임직원들에게 이렇게 말했다.

"보람과 기쁨을 느끼게 하는 성취감은 늘 고통에서 시작된다. 힘들고 어려운 시간은 즐거움을 선사한다. 그것을 이겨내면서 사람 자체가 성장하기 때문이다. 반대로 편하고 쉬운 것은 공허함과 허무만을 남긴다."

'인간은 고통에서 양분을 얻는다.'는 말이 있듯이, 크고 작은 역경을 이겨낸 양분으로 자신을 키워온 사람은 더 큰 역경이나 고통도 수월하게 이겨낼 수 있다. 알다시피 사람의 몸은 정신이 지배한다. 내 몸을 지배하는 정신, 나를 지배하는 정신은 어떤 정신인지 스스로에게 물어보자. 실전 경기가 시작되면 선수는 물론이고 감독들도 기싸움을 벌인다. 여기서 밀리면 절대로 안 된다. 기싸움은 눈빛은 물론이고 아주 사소한 반응, 태도에도 좌우되는데, 기싸움부터 상대를 압도했다는 것은 결국 실전에서도 이길 수 있다는 뜻이다. 의식과 생각이 몸을 관통해 실행으로 나타나기 때문이다. 지금의 나를 지배하는 의식과 생각이 결국 나의 미래다.

요즘 많은 조직들이 고민하는 문제가 바로 '적당주의'다. 투철한 책임감을 바탕으로 미리 준비하고 신속하게 의사결정해서 일하겠다는 의식이 점점 사라져간다. 그러다 보니 책임질 일은 가급적 서로 회피하는 분위기가 만연해져버렸다. 누구도 나서서 하려는 사람이 없고, 신기술이나 응용기술들이 계속 나오는데도 새로운 것을 받아들이지 않으려고 한다. 위에서 시킨 일, 이제까지 해왔던 일은 나름대로 열심히 하지만, 일하던 방식이나 태도를 자발적으로 바꾸지는 못한다. 이런 사람들은 3가지 특징이 있다. 첫째, 시킨 일만 열심히 한다. 둘째, 새로운 일은 일단 부정적으로 본다. 셋째, 일을 누군가에게 전달만 한다.

'적당히' 일하는 사람들은, 일의 범위를 가급적 좁혀 '이것까지만 내일이고, 나머지는 전혀 모르는 일'이라고 한다. 말하자면 상사가 시킨 일에서 한 치도 벗어나지 않겠다는 것이다. 거기에 범위가 애매한 일이나 책임이 따르는 일이 포함되어 있으면, 다른 사람에게 전달하는 방식으로 은근슬쩍 떠넘긴다. 스스로 고민하거나 판단하지 않고, 의사결정도 남에게 미룬다. 나중에 책임지기 싫어서다. 그리고 새로운 방식을 도입하거나 새로 일을 시작하는 데 상당히 부정적이고 비관적이다. 새로운 것을 받아들이기보다는 '그게 어려운 이유, 그게 안 되는 이유'를 먼저 생각한다. 이러한 부정적인 생각은 결국 성장에 발목을 붙잡는다.

적당주의를 타파하는
목표 공유의 힘

적당주의를 타파하려면 도전적인 목표를 공유해야 한다. 목표를 완벽하게 이해하고 거기에 흠뻑 빠져들면 구성원들은 무슨 일을 하든 끝

끝내 책임지고 성과를 내겠다는 '끝장정신'을 발휘한다. 사람들과 힘들게 부대끼더라도, 개인적인 시간을 희생하더라도, 모두를 위해 결과를 내겠다는 이타적 리더십을 발휘한다. 이것은 조직과 동료에 대한 각별한 애정, 열정, 그리고 체력이 없으면 불가능한 것이다.

도전적인 목표를 가진 사람은 스스로 생각의 틀을 깨고 나온다. 그러한 발상의 전환은 곧 새로운 기회로 이어지고, 트렌드를 뒤쫓기보다 완전히 새로운 시장에 대해 고민하게 만든다. 기존 시장을 바꾸거나 규모 자체를 키우고, 판도를 바꾸는 방법이 뭘까를 생각하는 것이다. 그러다 보면 하나의 시장만이 아니라 주변 산업, 관련 업종 등 전체를 살피게 된다. 이처럼 자발적이고 능동적인 분위기를 서로 독려하고 조직 전체로 퍼트리면 '적당주의'는 자연스럽게 사라진다.

무엇을
하는지

보이게
하라

3

내 일을 누구나 알아듣게 설명할 수 있는가? 문제를 해결하고 싶다면 문제가 밖으로 드러나야 한다. 팀으로, 조직으로, 같이 고민하면 문제해결은 의외로 쉬워진다. 조직 내 모든 업무내용은 구성원 모두의 공동자산이다. 내 일을 누구나 알 수 있게 작업하면 자원이 되고 경쟁력이 된다. 폐쇄적인 조직에서는 일이 점점 더 안 보이게 숨는다. 이렇게 서로 무슨 일을 하는지 모르는 조직은 앞으로 존재 자체가 어려워진다.

문제는
밖으로 드러나야
더 심각해지지 않는다

문제를 잘 발견하는 사람이 있는가 하면 해결책을 잘 생각해내는 사람도 있다. 우리가 모여서 일하는 이유, 조직의 힘은 바로 이것이다. 그런데 문제를 제기하는 사람에게 상사가 "문제제기를 하려거든 그 해결책도 가져오라."고 말하면 어떻게 될까? 그 말을 직접 들은 당사자는 물론이고 모든 사람이 잔뜩 위축될 것이다. 그러면 그 조직에서는 아무도 문제제기를 하지 않고, 좋은 아이디어가 있어도 말하지 않는다. 지금 현실이 어떤지, 어떤 문제들이 있는지를 서로 얘기하지 않으니 답을 찾으려는 사람이 없고, 문제가 있어도 서로 쉬쉬하고 눈치만 본다.

문제가 있으면 그것을 공론화해서 함께 해결책을 찾아야 한다. 그 정도는 누구나 상식적으로 알고 있다. 하지만 많은 조직에서 그러지 못한다는 게 문제다. 누구나 문제를 제기할 수 있는 분위기가 필요한데, 그것이 생각보다 어렵다.

문제를 해결하고 싶다면 문제가 밖으로 보이게 해야 한다. 그게 가장 먼저 해야 할 일이다. 문제를 보이게 하려면, 문제를 제기하는 사람과 해결하는 사람이 다를 수 있다는 것을 인정하고 각각에게 합당한 보상을 해주는 문화도 필요하다. 문제를 발견한 사람에게 해결까지 책임지라고 해서는 안 된다. 그런 분위기에서는 문제가 안으로 숨어들어 점점 더 커지고 심각해질 뿐이다.

먼저 문제를 열거하는 대화가 필요하다. 문제란 문제는 모두 꺼내놓아야 무슨 일을 공유해야 하는지 쉽게 알 수 있고, 협업에도 속도가 붙는다. '문제는 숨겨야 할 것이 아니라 함께 공유하고 해결해야 하는 것'이라는 공감대가 생기면 조직 전체가 활성화된다. 어려워 보이는 문제도 여러 사람이 모여 다양한 아이디어를 모으면 점점 해볼 만한 것이 된다. 모든 구성원이 함께 관심을 갖고, 전체적으로 볼 수 있도록 하는 것이 그래서 중요하다.

불통, 일방통, 늦장통,
무소통은 왜 생기나?

《동의보감》에는 '통즉불통 불통즉통通則不痛 不通則痛'이라는 말이 나온다. 우리 몸의 기와 혈이 잘 통하면 아프지 않고, 반대로 통하지 않으면 아프다는 뜻이다. 소통과 흐름의 중요성은 조직도 마찬가지다. 몸도 잘 통해야 건강하듯이 직장이나 조직도 서로 통행하고, 통신하고, 통화하고, 대면해야 건강해진다. 서로 소통하지 않으면 주변에 나보다 훨씬 뛰어난 전문가가 있어도 모른다. 불합리한 부분이 있으면 함께 머리를 모아서 고쳐야 하는데 그것도 불가능하다. 유기적으로 움직이지 않는 곳은 아무리 좋은 정책도 효과가 없다.

앞에서 소개한 제임스 다이슨 회장은 한 일간지와의 인터뷰에서 기자가 "다이슨에서는 메모나 이메일을 싫어한다고 들었다. 그 이유가 무엇인가?" 하고 묻자 항상 얼굴을 맞대고 의사소통을 하는 게 낫다고 믿기 때문이라며, 회사가 점점 성장하면서 이메일은 포용하게 되었지만, 아직도 원칙은 대면접촉이라고 밝혔다.

간혹 다른 부서나 팀을 견제하느라 내가 가진 정보를 공유하지 않는 어리석은 사람들도 있다. 우리 팀이 무엇인가를 시행하거나 추진하면서 경험했던 일들을 다른 팀에 공유하지 않아서 다른 팀이 똑같은 어려움을 겪게 만드는 것이다. 세상에 이런 낭비가 또 어디 있는가? 모든 일은 여러 팀이 상관관계를 맺고 있다. 그 사이에서 정보나 지식은 비대칭적이기 때문에 다른 의견이 나오기도 하고 내가 생각하지 못한 새로운 해법들도 나오기 마련이다. 또한 현장의 담당자들은 현실적인 문제와 그 해결방안들을 더 많이 알고 있다. 이렇게 각자 가진 경험, 정보, 감각, 안목, 고민, 아이디어들만 모아도 결과는 완전히 달라질 수 있다.

자연스런 커뮤니케이션 문화가 없는 조직은 서로의 일이나 사정을 모르니 부서 이기주의가 쉽게 생겨난다. 소소했던 문제들은 순식간에 불이 붙듯이 커지고 기회는 한순간에 날아간다. 시장과 고객은 가차 없이 등을 돌린다. 이러한 소통의 부재는 충분히 줄일 수 있는 시행착오와 막을 수 있었던 사고를 낳는다. 만약 소통이 원활했다면 작은 실수가 큰 문제로 번지지 않았을 것이고, 업무에 공백이 생겨 황당한 일이 벌어지는 경우도 없을 것이다.

그렇다면 이러한 불통, 일방통, 늦장통, 무소통은 왜 생기는 걸까? 팀원과 팀장, 구성원과 조직 간에 신뢰가 땅에 떨어졌기 때문이다. 이런 조직에서 구성원들은 이렇게 생각한다. '내가 말한다고 들어줄 사람도 없고, 내가 움직인다고 변할 곳도 아니고, 내가 애쓴다고 알아주는 사람도 없고, 내가 성과를 더 낸다고 그만큼 정당하게 보상이 돌아오지도 않고…' 이런 생각들이 팽배해지면 문제가 있어도 덮는 데 급급하고 좋은 기회도 날려버린다. 심지어 귀찮아서 공유를 안 하는 경우도 있다.

고민은 나눌수록
가벼워진다

일을 하다 보면 난처한 상황에 처해 더 이상 어떻게 해볼 방법이 없을 때가 있다. 내 머리로는 아무리 생각해도 해법이 떠오르지 않는 상황이다. 머리를 쥐어뜯으며 고민하다가 결국 주위 동료에게 사정을 털어놓는다. 그런데 내 얘기를 들은 동료가 너무 쉽게 한마디 한다.

"아, 그거 이렇게 하면 되는데!"

대부분 사람들은 자신이 아는 범위 내에서 문제를 해결하려고 한다. 내가 아는 범위, 내가 아는 방식으로 해결책을 찾는 것이 보통 사람의 습성이다. 그러다 보니 놓치는 부분이 상당히 많다.

나와 같이 일하는 사람들은 적어도 나만큼은 일을 잘하는 사람들이다. 그리고 각자 자신의 전문 분야에 대해서는 나보다 훨씬 더 똑똑하다. 동료들에게 눈과 귀를 열고, 마음의 문을 열어야 하는 이유가 바로 그것이다. 또한 요즘은 어디에 가도 전문가가 넘친다. 분야마다 실력 있는 사람들이 많고, 그들을 찾기도 쉬워졌다. 그런 사람들의 도움을 받으면 그만큼 다른 각도에서, 다른 전문지식과 다른 능력, 다른 발상으로 문제에 접근하고 해법을 찾아낼 수 있다.

실제로 경험해봤을 것이다. 문제나 고민을 공유하다 보면 자연스럽게 주위 동료들이 "왜 그렇게 해? 이렇게 하면 더 쉽고 간단한데."라며 천군만마가 된다. 기발한 아이디어, 혁신적인 해법들은 더 많은 사람들이 모여서 함께 고민할 때 왕성하게 나온다.

예를 들어, 삼성전자는 베트남 공장에서 갤럭시6를 만들 때 기존에 해보지 않았던 메탈 가공에 도전했다. 한쪽에서는 아이폰을 만들어 납품한 대만의 폭스콘에 생산을 의뢰하면 쉽지 않느냐고 했지만, 그들은 직접 해보자는 쪽으로 전략을 짰다. 그 일을 했던 담당자의 말에 따르면,

공정에 불량이 나왔을 때 베트남 현장직원은 물론이고, 구미, 수원 사업장에서 일하는 연구 인력과 생산직 인력까지 무려 40~50명의 임직원들이 매일 화상회의를 열어 새로운 해법을 찾으면서 품질을 개선했다고 한다. 이렇게 많은 사람들이 연결되어 결국 문제를 해결한 것이다.

앞으로의 세상은 누구든지 고급 지식정보에 접근할 수 있다. 기술이 부족하면 외부 파트너들과 협업하면 된다. 이미 애플은 공장이 없어도 최고의 스마트폰을 만들어 팔고 있고, 유니클로 역시 공장 없이 좋은 품질의 옷을 판매하고 있다. 이제 내부에 기술이 없거나 만들 능력이 없는 것은 문제가 아니다. 가장 큰 문제는 서로 소통이 안 되고 공유가 안 되는 것, 아이디어나 생각들이 모아지지 않고, 사람들이 필요할 때 뭉치지 않는 것이다.

내 일을
누구나 알아듣게
설명할 수 있는가?

어떤 조직에 가보면 "대신 할 사람이 없어서 휴가를 갈 수가 없어요."라고 아주 자랑스럽게(?) 이야기하는 사람들이 있다. 대신 일할 사람이 없다는 사실이 마치 자신의 뛰어난 실력을 증명하는 것처럼 말한다. 내가 보기에는 정말 후진 조직이다. 고객에게 직원이 휴가에서 돌아올 때까지 며칠만 기다려달라고 말하면 "네, 그럼 그렇게 하죠." 하고 순순히 받아들일 고객이 있겠는가?

모든 것을 공유할 수 있는 시대다. 그런데 '내 일을 대신 할 사람이 없다.'는 것은, 내 일을 남이 알아볼 수 있게, 남이 보고 따라서 처리할 수 있을 만큼 디테일하게 정리해놓지 않았다는 뜻이다. 큰돈 들여서 설치한 사내 인트라넷이나 업무 공유 프로그램을 제대로 활용하지 않는다는 의미이기도 하다. 글, 그림, 사진, 동영상 등, 조금만 고민하면 내가 하는 업무를 동료가 그대로 따라 해도 될 만큼 정리해놓을 수 있다.

회사가 커질수록 인프라에 대한 투자는 계속 늘어난다. 시스템을 고도화시켜 업무효율과 생산성을 높이기 위해서다. 누구든 의욕만 있으면 일을 더 잘하고 더 빨리 배워 성장하게 만드는 것이 인프라에 투자하는 목표다. 또한 시스템이 제대로 갖춰지면 누군가가 자리를 비워도 일이 지체되지 않기 때문에 시스템을 갖추려고 노력하는 것이다.

후진적인 방식으로 일하는 사람들은 자신이 하는 일을 아무도 대신할 수 없게 해놓고 휴가도 못 간다며 불평한다. 자신에게 주어진 정당한 휴가를 쓰는데도 괜히 상사나 동료들의 눈치를 보고, '휴가를 다녀오면 업무가 산더미처럼 쌓인다.'고 푸념한다. 급한 일이 없는데도 늦게까지 자리를 지키고 있는 '상습적인 야근'도 마찬가지다. 이런 사람들이 조직에 많으면 시스템 구축에 아무리 엄청난 돈을 투자해도 효과가 전혀 없다.

요즘은 많은 조직이 인트라넷 같은 IT기술을 기반으로 일하기 때문에 대부분의 업무내용을 실시간으로 기록해둘 수 있다. 사진이나 영상도 첨부할 수 있고 편리한 프로그램들이 많기 때문에 조금만 고민하고 생각하면 누구나 쉽게 이용할 수 있다. 그런데 여기서 중요한 포인트는, 담당자가 어떻게 올리느냐에 따라 사내 인트라넷에 올라오는 업무내용들이 쓰레기가 될 수도 있고, 성과와 새로운 가치를 만들어내는 모두의 자산이 될 수도 있다는 사실이다.

업무내용을 기록해 올릴 때 보면 당사자의 업무 스타일이 그대로 드러난다. 단적으로 설명하면 이렇다. 안 좋은 스타일은 나만 알아볼 수 있게 써서 올린 것이고, 좋은 스타일은 누구든 알아보기 쉽게 써서 올린 것이다.

업무내용을 왜 공유하는가? 목적에 대해 아무 생각이 없으니 쓰고 싶은 대로 아무렇게나 쓰는 것이다. 업무내용을 공유하는 이유는 함께 일하는 동료들에게 내 업무를 알려주기 위함이다. 볼 사람이 쉽게 이해할 수 있도록 쓰는 게 당연한 배려다. 목적을 모르고 윗사람이 쓰라니까 마지못해 쓰는 사람은 거기서부터 차이가 난다. 사소한 것처럼 보이지만, 이는 곧 팀이나 조직 구성원들이 어떤 스타일로 훈련되어 있고 준비되어 있는지를 보여준다. 잘 훈련된 조직과 그렇지 않은 조직은 경쟁력부터 엄청난 차이가 벌어질 수밖에 없다.

먼저 우리 모두가 인식해야 할 중요한 포인트는, 내가 하는 일이 실시간으로 모든 동료들의 자산이 된다는 것이다. 요즘 같이 무엇이든 초스피드로 돌아가는 시대에, 과거처럼 누가 배워서 그다음 사람에게 전달하고, 만나서 설명하고, 다시 가르치는 식으로 공유하기에는 너무 늦다. 이제는 시간과 공간의 제약을 초월해 실시간으로 공유된다. 접근이 허락된 구성원들이라면 모든 업무를 실시간으로 공유할 수 있다. 그리고 부족한 부분이 있다면 면담이나 전화통화 등으로 소통해 보충하면 된다.

이렇게 공유가 잘 되면 나와 비슷한 업무를 수행하는 동료가 약간의 노력과 선행학습을 거친 후 얼마든지 나의 업무를 대신 처리할 수 있다.

내가 자리를 비우거나 휴가를 가더라도 업무인계나 전달은 몇 가지 핵심 포인트만 확인시켜주면 된다.

"요즘은 의사들도 일반인들이 알아볼 수 있게 차트를 작성한다. 그런데 작성 매뉴얼이 있고, 충분히 실전교육을 받았음에도 같이 일하는 동료도 알아보기 힘들게 성의 없이 작성하는 간호사들이 있다. 이것은 머릿속에 든 지식이 많고 적음이 아니라 기본자세, 같이 일하는 동료들에 대한 배려와 동업자정신, 환자의 생명을 다루는 직업의식의 부재 때문에 생기는 일이다."

어느 종합병원의 간호 간부가 내게 들려준 고민이다. 하지만 이것은 대부분의 직장에서 벌어지는 문제이기도 하다.

병원에서는 환자에 대한 기본정보나 단계별 치료정보를 어떤 간호사가 봐도 한눈에 알아볼 수 있도록 하는 게 중요하다. 현장에는 수백 명의 간호사들이 바쁘게 움직이고 있는데, 누구나 알 수 있게 차트를 작성하지 않으면 긴급한 상황에서 치료가 늦어지거나 잘못된 조치가 내려질 수 있다. 촌각을 다투는 상황에서 이는 매우 치명적인 문제다.

직장의 모든 업무도 그렇다. 내 업무라고 해서 나만 알아보게 해놓으면 주변 동료들은 짜증 나고 의욕이 떨어진다. 이런 갈등과 스트레스가 불쑥불쑥 올라오면 조직 전체의 협업수준이나 업무속도, 효율, 생산성 등이 크게 낮아지고 결국 모두가 피해를 입게 된다.

조직 내 모든 업무내용은 구성원 모두의 공동자산이다. 가치 있는 자산이 되기 위해서는 누구나 쉽게 제대로 알아볼 수 있게 해야 한다. '나만 알 수 있게'가 아니라 '누구나 알 수 있게'다. 조직의 수준이 결정되는 사소하지만 중요한 태도의 문제다. 나와 내 동료, 조직 내부의 일들이 잘 보이게 하면 모두가 성장하고, 성과는 점프를 한다.

성을 쌓고 있는 곳에서는
좋은 인재가 안 나온다

폐쇄적인 곳에서는 좋은 인재, 좋은 리더가 안 나온다. 이는 만고불변의 진리다. 물론 혼자서만 일을 잘하는 사람은 얼마든지 나올 수 있다. 하지만 동료나 후배 등 주변 사람들까지 일을 잘하게 만드는 사람은 나올 수가 없다. 좋은 성과를 내는 리더들은 평사원일 때부터 다른 부서가 어떻게 돌아가는지, 남들이 어떤 일을 어떻게 하는지 자연스럽게 배우면서 성장한 인재들이다. 그들은 지적 호기심과 배우고자 하는 의지가 강해 누가 시키지 않아도 다른 부서의 일을 어깨너머로 보고 배웠다. 물론 조직의 분위기가 그만큼 개방적이어야 가능한 일이기도 하지만, 기본적으로 일과 인간관계에 대해 열린 마음가짐을 가졌기 때문이다.

반대로 폐쇄적인 조직에서는 리더들이 제대로 실력발휘를 못하고, 성과를 못 낸다. 과거 현장직의 실무자 시절에는 좋은 실적을 거두고 능력을 인정받아 팀장이나 본부장 등 리더직에 올랐지만, 어찌된 일인지 실무자일 때보다 성과가 더 낮다. 왜일까? 일을 전체적으로 이해하지 못하기 때문에 능력이 있어도 발휘할 수가 없는 것이다. 근무해보지 않은 부서의 일은 이해하지 못하고 잘 모르는 것이 너무 많으니 이런저런 문제가 터져도 제대로 대처할 수 없다.

그런데 리더가 그렇게 헤매면 담당자들은 바빠진다. 새로 부임한 윗사람을 이해시키느라 바쁜 것이다. 당장 해야 하는 고객 응대나 현안을 처리하는 것은 뒷전이고, 윗사람에게 보고할 거의 무한대에 가까운 서류작업에 시달린다. 쓸데없는 보고서를 만드느라 정작 중요한 일들을 수개월 동안 놓아버리는 것이다. 직원 입장에서는 경력관리는 물론 실력 향상도 안 되고, 성취감이나 보람도 없다. 차곡차곡 경력을 쌓아가는 다른 부서 동료들을 보면 자신의 처지가 한심해서 한숨만 나온다.

또한 조직이 폐쇄적이다 보니 다른 실력자들이 어떤 일을 어떻게 하는지 알 수가 없다. 무엇을 고민하고 어떻게 해결하는지, 다른 부서의 업무가 무엇인지, 경력이 있는 선배들이 어떻게 일하는지 배울 기회가 없다. 리더를 꿈꾸는 의욕적인 인재들도 경력 로드맵을 그리기 어렵다.

그런데 문제는 경력이 있는 선배들도 본인들이 하는 일에 대해 물어보면 대답을 잘 못한다는 사실이다. 일부러 알려주지 않는 게 아니라, 자기가 하는 일을 누구라도 쉽게 알아들을 수 있도록 설명하는 훈련이 안 된 것이다. 폐쇄적인 조직에서는 자기 일을 설명해야 할 경우가 거의 없고, 설명을 못하는 것이 문제라는 의식도 없다. 그런 고민 자체를 하지 않으니, 일은 점점 더 안 보이게 숨는다. 이렇게 서로 일을 배울 수 없는 곳에서는, 각자의 뛰어난 역량이 조직 전체에 퍼지지 않는다.

업무를 공유하다 보면 자연스럽게 능력이 개발된다. 내가 휴가를 떠나거나 자리를 비워도 업무에 공백이 생기지 않도록 매뉴얼을 만들어두면 좋다. 조직은 개인의 실적만 가지고 평가하기보다는 동료들과 함께 발전적으로 일하는 데 가치를 두어야 한다. 나의 업무를 통일된 절차나 공통의 언어 등으로 미리 정리해놓으면, 설명하기도 쉽고, 반대로 동료의 업무를 배우는 기회도 늘어난다. 휴가나 휴직 중에도 능력계발에 참고할 수 있고, 사내 프로그램을 통해 부가적인 능력과 기술을 향상시킬 수 있다.

폐쇄적인 조직에서는 전인적인 능력계발의 기회가 차단되면서 개인의 인간적 성장도 멈춘다. 사실 이것이 가장 큰 문제다. 조직뿐만 아니라 개인의 인생에도 결코 이롭지 않다. 경력이 쌓이고 근속연수가 길어지면 전인적인 능력이 계발되면서 인간관계를 잘 풀어내는 능력이 향상되어야 하는데, 이런 조직에서는 오히려 떨어진다. 사람들과 원활하게 일을 풀어나가면서 성과를 내는 능력이 점점 떨어진다는 말이다. 특히 전문 분야나 특정업무만을 집중적으로 전담해온 사람들은 자신의 영역을 벗어나 다른 사람들과 협업을 해야 할 때 큰 어려움을 겪는다.

어떤 조직이든 사람이 모여 일하는 곳이라면 전문화하고 분업화해서 더 나은 성과를 내야 한다. 특히 조직이 커질수록 효율과 생산성을 위해 더욱 철저하게 전문화한다. 그런데 이런 환경에서는 직원들이 '내가 맡은 일만 잘하면 된다.'는 생각에 익숙해지기 쉽다. 문제는 그렇게 분업화해서 일하는 것이 편하고 수월하다며 그냥 거기에 안주해버리는 것이다. 그러면 매일 하던 일만 계속할 뿐 다른 중요한 능력계발의 기회를 놓치게 된다. 다른 것을 수용하고 포용하는 능력, 누군가를 설득하거나 협상에서 좋은 결과를 이끌어내는 능력, 갈등을 조정하는 능력 등이 정체되거나 퇴화한다.

자기 일만 잘하는
인재는 수명이 짧다

자기 일만 잘하는 사람은 '일을 잘하는' 사람이 아니다. 능력 있고 손이 빨라 맡은 일을 잘 처리하더라도 다른 사람의 일과 연결되지 않으면 성과로 이어지지 않는다. 일을 연결해서 보고, 연결해서 추진해야만 성과가 나온다. 리더도 마찬가지다. 팀장이 자기 팀만 보거나 부서장이 자기 부서만 챙기면 과업이 충돌하고, 갈등이 생기며, 소모전만 이어진다. 리더는 조직 전체를 손바닥 보듯 훤히 보면서, 팀이나 부서를 초월해 전체를 위해 뛸 수 있는 인재를 키우는 데 중점을 둬야 한다.

여전히 많은 조직에 '이 일은 나만 알아야 해.' 하는 생각, 즉 '내 일 불가침 정서'를 가진 사람들이 있다. 하지만 이제는 지식정보의 공유를 통해 집단지성으로 부가가치를 창출하는 시대다. 특출한 한두 사람 덕분에 조직이 잘되는 일은 거의 없다는 뜻이다. 그래서 내가 맡은 일뿐만 아니라 여러 분야를 두루 공부하고 이해하려는 노력이 필요하다. 이때 중요한 것은, 얼마나 빨리 정보를 공유하고, 이해관계를 조정하고, 협력해서 성과를 개선하느냐다. 그래서 업무환경도 직원들이 밀도 있게 일하고 팀플레이가 원활하게 이루어지는 쪽으로 정비해야 한다.

요즘 조직은 다양한 능력을 갖춘 지식근로자와 전문적인 인재들이 모여 있다. 그러다 보니 각자 개성이 강해 충돌이나 갈등이 많이 일어난다. 빠른 협업이 중요한 시대로 들어오면서 과업의 충돌은 더 많이 일어날 수밖에 없다. 그래서 이제는 자기 일에 대한 전문적인 능력 이상으로 이해관계를 조정하고 협력을 이끌어내는 능력이 더 중요해졌다.

협력을 이끌어내려면 전체를 보고 다른 업무들도 두루 이해하는 머리가 필요하다. 함께 머리를 모아 해법을 찾고, 서로의 입장을 조율하고, 결과적으로 구성원들의 적극적인 협력을 이끌어내는 조직 문화도 중요하다. 부서를 초월해 누구나 적극적으로 아이디어를 보태고, 의견이나 주장, 이해관계를 조정해 상위의 해법으로 발전시키는 조직은 강해질 수밖에 없다. 또한 일을 통해 협력능력을 키워주는 회사라면 개인에게도 충분히 매력적이다. 이런 조직에서 경험을 쌓으면 어디에서 어떤 사람들과 일해도 성과를 낼 수 있는 강한 체질을 가진 인재로 성장할 수 있기 때문이다.

보이지 않게
일하는 것이
나만의 경쟁력?

어떤 사람들은 '남들이 내가 하는 일을 모르게 하는 것이 내 경쟁력이고, 경쟁력을 유지하는 비결'이라고 착각한다. 이런 생각은 큰 오산이다. 그런 방식으로 일해서는 오래 못 가고, 자칫하다 다 죽는다. 실제로 정체된 조직에는 '안 보이게 일하는 것이 경쟁력'이라고 착각하는 사람들이 상당히 많다. 그런 사람들은 칸막이를 낮추고 정보를 공유하자고 하면 사생활을 존중해달라며 거부한다. 심지어 '인권침해'라고 반발하는 경우도 있다. 왠지 자신의 노하우가 동료들에게 공개되면 자신의 입지가 불리해질 것이라고 생각하기 때문이다. 보이게 일하는 것이 주는 더 큰 이득을 생각하지 못하는 것이다.

개인의 성공보다 팀의 성공을 위해서, 팀의 성공보다 조직 전체의 성공을 위해 일할 때 개인에게도 더 큰 이득이 돌아간다. 폐쇄적으로 일하는 사람은 아무리 개인 실적이 좋아도 리더가 될 자격이 없다.

진정한 리더는 업무시간에 사생활을 지켜주는 것보다 그의 미래를 지켜주는 것이 더 중요하다고 생각한다. 사람은 많이 보고 많이 들어야 성장한다. 일을 배울 때는 더욱 그렇다. 더 많은 정보를 공유해야만 실력이 빨리 는다. 요즘은 직급이 낮은 직원이라도 더 좋은 실적을 내면 더 큰 보상을 받고 더 많은 기회가 주어진다. 모든 조직이 점점 더 완전 실력주의를 지향하고 그에 가까워지고 있기 때문이다.

과거에는 조직의 위계질서가 상당히 엄격했다. 단적으로 사무실 책상배치에서부터 서열이 확연히 드러났다. 사원 뒤에 대리가 앉고, 대리 뒤에 과장이 앉고, 과장 뒤에 부장이 앉는 식으로 자리가 정해졌다. 상사는 아랫사람이 무슨 일을 어떻게 하는지 볼 수 있는 권한을 가졌지만, 아랫사람은 윗사람의 일을 볼 수 없었다.

게다가 윗사람은 결재를 할 때도 가끔 권력을 휘두르듯 결재 통과를 막기도 했다. 괜히 꼬투리를 잡아 돌려보내거나 일부러 뜸을 들이면서 상사로서의 존재감을 과시하는 것이다. 필요 이상으로 복잡한 절차도 많아서 업무속도는 느렸고 불합리한 것이 많았다. 그러다 보니 시간낭비는 물론 일하는 사람들이 아주 피곤했다.

이런 구조에서는 다양한 정보와 노하우를 공유하고 활용하는 속도도 느리기 때문에 시장의 변화속도를 따라가지 못할뿐더러 창의성이나 혁신은 기대할 수도 없었다. 직원들의 실력이 향상되는 속도도 느렸다. 게

다가 몇몇 사람에게만 정보가 독점되다 보니 그것을 이용해 특권을 누리거나 부정하게 사용하는 사람도 생겼다.

하지만 이제는 아무것도 감출 수 없는 세상이다. '일을 한다.'는 것의 의미가 달라졌다. 일을 한다는 것은 동료 모르게 일하는 것이 아니라 내가 하는 일을 누가 와서 해도 나만큼 할 수 있도록 시스템화하는 것이다. 그런 조직이 경쟁력 있는 조직이다. 누구나 쉽고 빠르게 터득해서 일할 수 있도록 일하는 방식과 일하는 절차를 혁신해야 한다.

그리고 그 일을 맡아서 진행하는 부서는 '나는 이 일을 할 수 있다.'는 수준을 초월해 '우리는 어떤 곳보다 신속하고 능숙하다.'를 목표로 일해야 한다. 그러기 위해서는 배우고 익히는 것에서 머물지 않고, 새로운 해법을 찾아 만들어내는 일들이 과업의 연장선상에 있어야 한다.

상황과 정보가 공유되지 않으면 일이 느려지고 시너지도 낼 수 없다. 책임감이나 직업윤리에 대한 의식도 희미해진다. 단절된 일들 사이에서 돌발상황이 생기고, 초기에 대처하지 못하면 큰 사고로 이어진다. 시간과의 싸움에서 늘 지다 보니 기회가 사라지고 손실이 커진다.

조직 입장에서는 '그 사람이 아니면 안 되는 조직'을 만들면 안 된다. 기본이 갖춰진 사람이 의욕적으로 임하면 누구라도 절대적인 성과를 낼 수 있는 시스템을 구축해야 한다. 이때 성과만 가지고 평가해서는 안 된다. 일을 통해 보람을 느끼는지, 인간적인 능력을 키우고 남들과 나눠 더 큰 능력을 발휘하는지 등을 평가해야 한다. 혼자서만 열정을 불태우는 것이 아니라 그 열정을 남들에게도 전염시킬 수 있는 인재, 자신의 능력을 발휘하고 그 능력을 조직 전체에 퍼트릴 줄 아는 인재가 진정한 인재다.

너와 나의 일정이 보이면
스트레스가 줄어든다

오늘 회사에서 무슨 일이 벌어질지 전혀 모르면 어떨까? 준비할 수 없으니 불안해지고 걱정된다. 반대로 윗사람이나 동료들의 일정을 사전에 공유하면 예상할 수 있으니 미리 준비도 할 수 있고 비교적 마음이 편안하다.

그런데 자신의 일을 낱낱이 공개하는 게 처음에는 익숙하지 않아서 다들 주저한다. 심지어 사생활 침해를 걱정하거나 불안해하는 사람도 있다. 그러나 의욕적인 인재들은 상사나 동료들의 일정을 보고 자신이 무엇을 준비해야 할지 선제적으로 고민한다. 경기가 시작되기 전에 상대 팀의 전력을 파악하면 마음이 한결 편안해지고 자신감이 높아지는 것과 똑같다. 이렇게 서로의 일정을 알면 소통이 활발해지기 때문에 개인이 고립되는 것을 막을 수 있다. 그러면 더 많은 정보가 공유되면서 선순환이 이어진다.

수익성을 개선하는 일, 업무효율을 높이고 생산성을 높이는 일, 조직을 혁신하고 새로운 부가가치를 창출하는 일…, 이 모든 과업에는 양질의 정보와 지식, 아이디어가 절대적으로 필요하다. 그래서 다양한 생각, 다양한 능력을 가진 동료들의 협력도 필수다. 그런 측면에서 서로 친밀하게 소통하고 아이디어와 경험이 잘 공유되는 조직은 성공 가능성이 훨씬 높아진다.

회의 하나만 생각해봐도 알 수 있다. 평소에 더 많은 것을 공유한 사람들은 짧은 시간에 더 밀도 있게 토론할 수 있고 결론에 도달하는 것도 빠르다. 이런저런 돌발상황에 대응할 때도 혼자 허둥지둥하지 않아도 되고 주위의 도움을 받아 여유 있게 처리할 수 있다. 그뿐 아니다. 미리 일정을 공유하면, 어디서부터 손을 대야 할지 모를 정도로 복잡해 보였던 일들도 쉽게 정리된다. 서로의 역할을 체크해보면 일이 명료해지고, 유사한 경험이 있는 사람의 의견이나 아이디어가 모여 생각보다 쉽게 풀린다.

이렇게 되면 인간관계 스트레스가 줄어들고 팀워크가 끈끈해진다는 부수적인 효과도 있다. 개선된 성과를 같이 경험하면서 서로 도움을 주려는 분위기가 조성되고, 휴가나 기타 개인 사정들도 이해하면서 동료애가 싹튼다. 이러한 팀워크와 동료애는 조직에 대한 애정으로 이어진다.

아침에 출근해서 가장 먼저 해야 할 일은 바로 일정 공유다. 각자 시간대별로 오늘 어떤 일을 할지 발신하는 것이다. 하루의 일정을 공유하는 조직과 그렇지 않은 조직은 업무결과에서 엄청난 차이가 난다. 일정 공유는 밑그림과 같은 것이다. 밑그림 없이 각자 자기 마음대로 아무렇게나 그려서는 공동으로 작업하는 큰 그림을 제대로 완성할 수 없다.

특히 조직의 리더가 팀원들에게 일정 공유를 독려하지도 않고 자신도 공유하지 않으면, 팀원들은 더 힘들어진다. 리더가 매사에 예고 없이 무작정 "빨리 하라."고만 하고, 언제까지 하라는 것인지를 미리 얘기해주지 않으니 일에 쫓기고 실수도 잦아진다. 우유부단하고, 계획성이 없고, 소통하지 않는 리더 밑에서 일하면, 그래서 불평불만이 많아질 수밖에 없다. 리더는 무슨 일이든 신속하게 알리고 지시해 팀원들이 미리 준비할 수 있도록 시간을 주어야 한다.

그렇다면 어떻게 일정을 공유해야 할까? 인트라넷 같은 사내 시스템을 잘 활용하는 것이 중요하다. 요즘은 일정 공유를 도와주는 클라우드 서비스도 많다. 모바일앱을 함께 쓰는 것도 편리하다. 스마트폰과 태블릿PC가 대중화된 만큼 시간과 장소에 구애받지 않고 무엇이든 쉽고 빠르게 공유할 수 있다. 처음에는 몇 시부터 몇 시까지 무슨 일을 한다는 식으로 큰 덩어리로 나누어 몇 가지만 대략적으로 작성해보고, 차츰 익숙해지면 좀 더 자세하게 적어본다. 이렇게 일정을 기록하고 공유하면 자연스럽게 정리가 되고 업무의 질서도 잡힌다. 그렇게 되면 업무 몰입도와 집중도도 높아진다. 또한 오늘 동료들이 무슨 일을 하는지, 우리 팀이 어떻게 돌아가는지 알면, 나의 업무도 미리 머릿속으로 준비할 수 있기 때문에 업무 시작과 함께 곧바로 일에 돌입할 수 있다.

어떤 회사에서는 아침에 본격적으로 업무를 시작하기 전에 모두가 일과표를 작성해 공유한다. 인트라넷에 들어가면 누구나 볼 수 있다. 그 제도를 시행할 때 처음에는 반발하는 사람도 있었다고 한다. 상사와 부하, 동료 등 팀 전체가 지켜본다는 생각 때문이다. 비난이나 질책을 받지 않을까 걱정하는 사람도 있었다고 한다. 하지만 시간이 조금 지나자 서로에 대해 더 많은 것을 알게 되었다며 충분히 이해하고 공감대가 형성되었다. 이처럼 일정 공유만 잘해도 중복되는 업무를 많이 줄일 수 있고, 일의 효율은 물론 경영의 효율도 높일 수 있다. 이는 타성에 젖은 개인과 조직 전체를 일깨우는 방안이다.

실제로 일정표를 작성해보면 자신이 이제까지 얼마나 계획성 없이 일했는지, 얼마나 새로운 일에 도전하지 않고 하던 일만 계속 해왔는지도 알게 된다. '아무 생각 없이 직장생활을 해왔구나.' 하고 놀라기도 하고, 혁신에 게을렀던 자신을 반성하기도 한다.

일정표를 작성할 때 '어떤 일을 이렇게 이렇게 추진하겠다.' 하고 적을 게 없는 사람도 의외로 많다. 주도적으로 뭔가를 시도하기보다는 위에서 시킨 일만 근근이 해왔거나, 일의 주도권을 빼앗긴 채 남의 일정에만 끌려다녔기 때문이다. 열의를 불태우며 주도적으로 일하려는 의지가 없었다는 사실, 소극적인 태도가 부끄러워질 것이다. 정체되어 있는 조직에 몸담고 있다면 몇 배나 더 심각한 상황일 수도 있다.

업무 공유력이
경쟁력을
100배 키운다

3M의 임직원 9만여 명은 누구라도 다른 직원에게 아무 때나 갑자기 연락해 제품이나 기술에 대해 문의할 수 있다. 문의는 물론이고 관련 정보들을 요구할 수도 있다. 이는 자발적 혁신을 촉진하기 위해 만들어진 제도라고 한다. 이런 사례가 바로 시장에 맞춘 혁신이다.

소통이 잘되는 조직은 규모가 커져도 슬림하고 심플하다. 의사결정의 단계를 최소화해서 실무부서나 실무자들이 권한과 책임의식을 가지고 일할 수 있게 해준다. 최상위 경영층부터 최하 실행부서까지 절차를 간소화해서 일하는 과정에서 생겨나는 불필요한 업무피로를 없앤다.

그렇다고 다른 부서나 다른 동료들이 모르게 하는 것이 아니다. 사내 인트라넷을 통해 정보를 투명하게 공유하기 때문에 같은 수준에서 업무 공유도 가능하다. 이러한 실질적인 정보 공유는 형식적인 절차를 생략

할 수 있으며, 고객과 최고경영진 간의 거리를 최소화시켜준다.

업무가 끝날 즈음에 오늘 했던 일과들을 기록해보라. 대체로 오늘 한 일을 돌아보면 아침에 계획했던 것과 차이가 난다. 돌발사태나 긴급상황이 벌어지기도 하고, 갑자기 상사가 무언가를 불쑥 지시할 수도 있다. 업무를 마칠 때 일과를 기록해보면, 계획한 일정과 비교해서 실제로 무엇이 어떻게 달라졌는지를 한눈에 볼 수 있다. 우왕좌왕하고 여기저기 왔다 갔다 하면서 시간을 허비했거나, 아침에 계획한 일의 절반도 못 끝내고 퇴근시간을 맞이하기도 한다.

그렇게 기록을 해보면 계획과 실제가 어떻게 다른지, 왜 전혀 다르게 돌아가는지도 알 수 있다. 회의가 너무 길었다거나, 미팅 준비가 부족했다거나, 다른 사람이 이미 끝낸 일을 내가 또 하고 있었다든가, 결재를 받기 위해 기다리느라 다른 일들을 못했다든가 등등, 낭비되거나 비효율적인 부분들이 보인다.

업무계획과 결과를 1~2주 정도만 작성해봐도 문제가 보이고 어떻게 바꾸면 좋을지도 알게 된다. 그런 부분을 고치면 업무밀도와 효율이 높아지고, 절약한 시간들을 어디에 투자해야 할지 고민할 수도 있다. 어떤 일에 더 집중해야 하는지를 파악하면 시간대별로 업무일정을 더 계획적으로, 더 자세하게 잡을 수 있다.

쉬운 예로, 각각의 칸을 계산해서 채워야 하는 보고서를 만들어야 한다면 일반 문서작성 프로그램보다는 엑셀 같은 스프레드 시트 프로그램을 이용할 것이다. 또한 나 혼자만이 아니라 각 팀의 담당자들이 똑같은 보고서를 만들어야 한다면, 한 사람이 공통의 양식을 만들어 공유하는 것이 좋다. 그래야만 여러 사람이 똑같은 문서를 각자 만드는 수고를 하지 않을 수 있다. 만약 동료가 시장조사를 하고 있는데 내가 지난주에 했던 것과 같은 내용이라면, 내가 조사한 내용을 공유할 수 있다. 그리고 프로그램 사용법을 조금만 익히면 간단하게 처리할 수 있는 문제도 꽤 많다.

요즘은 병원에서도 내과, 외과, 병리학과, 영상의학과, 방사선과 등 여러 전문의들이 한자리에 모여 최상의 치료전략을 짠다. 조직에서도 함께 달성하고자 하는 목표의 전체적인 모습을 그리고, 그에 맞게 프로젝트 추진방향을 정하고, 계획을 짜야 한다. 각 분야 최고의 실력자들이 모여 가지고 있는 자원과 노하우를 공유하고 서로 협력할 수 있는 것들을 꺼내놓아야만 최상의 전략이 도출된다.

유니클로는 월요일마다 임원, 부장급 회의내용을 전사적으로 공유한다. 그래야 직원들이 앞으로 어떤 일을 할지 알고 준비할 수 있기 때문이다. 사내 인트라넷에 결정사항을 정리해서 올리는 것뿐만 아니라 그 결정에 이르기까지의 회의과정, 즉 참석자들의 의견이나 논의내용까지 현실적으로 재현해서 올린다. 반드시 누가 무엇을 실행할 것인지 결론을 내고, 매주 그에 관해 확인한다. 실행단위별로 확인하고 부서의 집행 임원들이 한 번 더 확인한다.

이처럼 일정을 투명하게 공유하면 커뮤니케이션의 속도도 빨라지고 의사결정도 빨라진다. 스포츠 경기로 말하자면 더욱 박진감 있는 경기가 되는 것이다. 복잡한 절차를 개선하는 것만으로도 직원들의 사기가 더 높아지고 뛰는 모습이 달라진다. 또한 다른 팀의 업무내용을 공유하면서, 거기에 도움이 될 만한 지식정보를 제공할 수 있다. 능동적인 인재들은 잘 알려지지 않은 자원이나 다른 부서가 알기 어려운 노하우까지 필요로 하는 사람에게 제공한다.

그런데 조직의 규모가 커지면 일이 많아지고, 사람과 부서가 늘어나고, 부서별로 더 전문화되어 절차가 복잡해진다. 이렇게 되면 의사결정 속도가 느려질 수밖에 없다. 이럴 때 팀, 조직, 회사가 가고자 하는 방향을 공유하면 쉽고 간단해진다. 어떤 방향으로 갈 것인지, 어떤 세상을 원하는지를 공유하면 그 조직은 강해진다. 무엇이 이슈고, 조직 전체가 무엇을 하려고 하는지, 무엇을 바꾸고, 성과를 어떻게 개선하려고 하는지를 공유하는 것이 중요하다. 이런 부분을 잘 정리해서 공유할 수 있다면 불필요한 절차와 업무를 과감하게 줄일 수 있다. 구구절절 설명할 필요도 없이 심플하게 정리된다. 회의도 줄고, 사전에 논의할 일들도 줄어든다.

일하면서 직접 배울 때
더 많은 것을 얻는다

부산 초량지구대 김모 순경은 부임 70일 만에 도보 순찰을 70회 했고, 700명의 주민과 면담을 했다. 매일 한 번씩 순찰하며 10명 이상의 주민과 면담한 셈이다. 그리고 2015년 전국 지구대와 파출소 경찰관들이 지역 사정을 꼼꼼히 파악하자는 취지로 '우리 동네 바로 알기' 경진대회를 열었는데 그는 거기서 최우수상을 수상했다.

그는 지도에 동네 주민들의 이야기를 빼곡히 적었다. 교통사고, 주민 간 갈등, 민사소송 등을 기록했다. '이곳은 이래서 위험함', '늦은 시간에 순찰이 필요함', '주사가 심해 부부싸움이 자주 일어남', '술만 마시면 주민들에게 행패를 부리는 사람이 있음' 등 순찰 포인트와 민원사항도 표시해놓았다. 우범지역은 상황을 더 자세히 기록하고 개선한 내용들을 남겼다. 이렇게 직접 치안정보를 지도에 기록해서 지역을 관리했고, 실제로 범죄율이 획기적으로 낮아졌다고 한다. 그는 이렇게 말했다. "순찰을 돌 때마다 치안과 민원정보를 업데이트한다. 후임자에게 물려주면 도움이 될 것 같다."

지금 내가 하는 일은 다른 사람들에게 일의 지침서가 된다. 신속하고 정확하게 일을 배울 수 있는 교과서이고, 일을 더 잘하도록 도와주는 참고서이기도 하다. 아무 자료도 없고, 이전에 일하던 사람의 업무내용이 하나도 남아 있지 않거나, 남아 있어도 알아보기 힘들게 되어 있으면 처음부터 다시 해야 한다. 물론 신임이라면 처음부터 다시 일을 배워야 하지만, 먼저 그 일을 했던 사람이 제대로 기록해두고 누구든 공유할 수 있게 해놓았다면 일을 배우는 시간과 노력은 절반 이하로 줄어든다. 문제가 될 수 있는 부분, 주의사항, 돌발상황에 대처하는 법 등을 상세하게 기록해두었다면 어떨까? 의욕 있는 사람이라면 일을 시작하기 전에 경력자 수준의 실력과 정보를 꿰차는 것과 같다.

　내가 하는 일을 다양한 방법으로 공유하면 모두의 실력들이 업그레이드되고, 모두의 자산이 된다. 일상적인 업무에서 예측 가능한 일들이 많아지고, 계획적으로 일할 수 있으니 집중도가 높아지며, 창의적이고 생산적인 일에 더 집중할 수 있다. 서로 배우며 성장하고, 일에 대한 동료들의 열정들도 직접 확인할 수 있다. 평가와 보상도 더욱 투명해진다.

　앞에서 업무를 시작하기 전에 전날 업무진행 상황과 오늘의 업무계획을 서로 공유하고, 퇴근할 때는 계획을 어느 정도 실행했는지, 일하면서 발견한 문제점과 해결과정 등에 대해 간단히 논의해보라고 이야기했다. 이렇게 현재 상황을 실시간으로 공유하게 되면, 결재 대기나 작업 대기 같은 병목현상, 시간 끌기, 책임 회피를 막을 수 있다. 진척 상황과 효율성, 생산성이 눈에 보이니 통일되지 않고 제각각 처리되는 일이 줄어들고 팀워크도 올라간다.

　또한 우리는 일하면서 직접 배울 때 더 많은 것을 얻는다. 지위고하를 막론하고 같이 일하는 동료들로부터 중요한 것을 많이 배울 수 있다. 어떻게 하면 효과적으로 일하는지, 고객과 어떻게 소통하는지, 정보를 어떻게 일에 활용하는지, 이 일은 누구의 도움을 받아야 하는지, 조직 내에 어떤 자원이 어디에 있는지, 어떤 마음자세로 일해야 꾸준하게 실적을 올릴 수 있는지 등 상당히 중요한 것들을 자연스럽게 배울 수 있다.

업무단절 제로의
조직을 만들어라

폐쇄적인 기업일수록 "나는 담당자가 아니어서 모른다."고 대답하는 사람들이 많다. 이런 조직은 고객과 시장에 제대로 대응할 수 없다. 일단 시간싸움에서 진다.

내가 빠지면 안 된다거나, 내가 자리를 비우면 업무를 대체할 사람이 없어서도 안 된다. 개인도 자기 일에 대해 지나치게 집착하거나 왜곡된 책임감을 가지면 그것이 곧 스트레스가 된다. 한 가지 일에만 매몰되어 매너리즘에 빠질 뿐만 아니라 충분히 충전할 수 없으니 몸도 마음도 쉽게 지치는 것이다.

신속하게 대응하고 투명하게 경영하는 시대다. 그런 조직만이 유기적인 협업이 가능하기 때문에 살아남을 수 있다. 그래서 요즘은 개개인의 업무를 보이게 하고, 내부 시스템을 누구나 알기 쉽게 명문화하고 있다.

시스템이 발전하는 것은, 내 일이 없어지는 것이 아니라 누구나 내 일을 할 수 있게 되는 것이다. 서로의 업무를 이해하면 배움을 주고받을 수 있다. 젊은 인재들에게는 사전학습의 기회가 되고, 순환보직 희망자나 휴가, 휴직자에게는 불안감을 줄여준다.

휴가, 육아, 질병, 가정사 등으로 누구나 자리를 비울 때가 있다. 이럴 때 돌발상황이 생겨도 동료들이 무리 없이 대응할 수 있다면, 원래 그 일을 했던 담당자도 일과 가정 모두에 충실할 수 있다. 요일별, 월별, 기간별 업무흐름도나 일의 우선순위, 순번, 절차를 매뉴얼로 만들어놓고, 비공식적으로 참조하면 좋은 내용들까지 별도로 기록하고 보관해두면 누구나 이롭게 활용할 수 있다.

정기적으로 업무 재편성을 통해 서로의 일을 배우는 기회로 삼을 수도 있다. 서로 역할을 바꿔서 해보면 일정계획과 업무처리 과정을 다른 사람들도 쉽게 알 수 있도록 기록해두려고 고민한다. 실패사례나 미흡했던 부분까지 자세히 기록해 공유하면 다음에는 더 발전시킬 수 있다. 정보를 공유하다 보면 구성원들의 시야가 넓어지고 실력도 빨리 향상된다. 서로의 일을 잘 알고 도움을 주고받는 문화는 문제해결이나 실적개선 등으로 이어진다.

업무공간을
'소통' 중심으로
바꿔라

요즘 거의 모든 조직이 양적 성장과 질적 성장을 동시에 이루기 위해 골몰하고 있다. 공격과 방어에 모두 강한 조직이 앞선 조직인데, 공격은 시장을 개척하는 양적 성장이고, 방어는 고객을 지켜내는 질적 성장이라고 할 수 있다. 개인도 마찬가지다. 양적 성장만큼이나 질적 성장을 원한다.

그런데 양적 성장에서 질적 성장으로의 변화가 쉽지 않다는 게 문제다. 사람들은 질적으로 더 나은 삶, 이상적인 삶을 꿈꾸지만 익숙한 일상을 바꾸려고 하지 않는다. 숨 가쁘게 돌아가는 세상에 살다 보니, 나 혼자 "이대로 만족!" 하고 싶어도 그럴 수가 없다. 그런데도 말로만 "더 나아지고 싶다."고 외칠 뿐 의식이나 생각이 안 바뀌는 희한한 모순에 빠진다.

방법은 하나다. 우리의 행동이 바뀌도록 환경을 혁신하는 것이다. 행동을 바꿀 수 있는 환경, 일에 좀 더 집중하고 전념할 수 있는 환경을 만들려면 어떻게 해야 할까?

직장은 사람들이 모여 함께 일하는 공간이다. 공간의 힘은 생각보다 크고 놀랍다. 어떤 공간이냐에 따라서 소통이 원활해질 수도 있고 반대로 소통을 단절시킬 수도 있다. 서로 자극을 받고 각자의 능력이 합쳐져 상승효과를 내려면 어떤 공간에서 일하느냐가 굉장히 중요하다.

혁신의 근간은 '조직력'이고, 그 조직력을 결정하는 것은 유대관계와 신뢰다. 사람 사이에 신뢰와 친근함이 사라지면 그 조직은 공동체로서의 매력도 사라진다. 모여서 일하는 의미도 없고 공동체 의식도 사라지기 때문이다.

조직력을 높이고 싶다면 '소통'에 포커스를 맞춰 업무공간을 재정비해야 한다. 자유롭게 소통할 수 있도록 공간을 변화시키면, 친근감과 신뢰가 생기면서 좀 더 유기적인 관계가 형성된다. 정보와 지식은 물론이고 각자의 경험들이 더 쉽고 빠르게 공유되면서 조직에 활력이 생긴다. 혁신적인 아이디어들이 폭발적으로 나올 수도 있다. 직원들에게 말로만 소통하라고 강조할 게 아니라 행동이 바뀌도록 환경을 변화시켜야 한다. 직원들끼리 의사소통이 활발해지면 협업이 원활해지고 성과가 올라간다.

아무리 탁월한 능력을 가진 사람도 혼자 고민하는 데는 한계가 있다. 그래서 뛰어난 사람이 많아도 그 조직이 저절로 탁월해지는 것은 아니다. 소통하지 않으면 각자의 지능은 집단지성이나 집단능력으로 더해지 거나 곱해지는 것이 아니라 N분의 1로 나눠져 평균치밖에 안 된다. 하 지만 열린 공간에서 다양한 주제와 아이디어를 가지고 서로 친근하게 이 야기를 나누다 보면 예상치 못했던 좋은 해법들이 나온다. 사람은 누구 나 친해지면 마음속에 있는 고급정보와 지식, 각별한 것까지 꺼내어 보 여주고 동료의 일에 적극적으로 나서서 도와주려고 한다. 이는 닫혀 있 거나 단절된 공간에서는 기대하기 어려운 일이다.

소통이 잘되는 조직은 완벽하지 않은 답이나 설익은 결론이 그대로 밖으로 나오는 게 아니라 내부에서 치열하게 논의된다. 설익은 채로 나 오지 않으니 시행착오가 적어지고 수정하거나 다시 해야 하는 일이 줄 어든다.

페이스북 사무실에
칸막이가 없는 이유

오픈된 업무환경으로 유명한 회사로는 마이크로소프트, 페이스 북, 구글, 유니클로 등이 대표적이다. 지난해 마크 저커버그는 자신의 페 이스북에 페이스북 사무실 사진을 올려서 화제였다. 전체가 홀처럼 꾸 며진 사무실은 칸막이가 없었다. 사장실도 없다. CEO인 저커버그의 자 리도 다른 직원들의 자리와 전혀 구별되지 않는 똑같은 책상으로 사무실 한복판에 있었다. 그리고 사무실 한가운데에는 소파가 놓여진 회의실이 있는데, 유리로 두 면만 칸막이가 설치된 모습이었다. 저커버그는 "사람들을 가깝게 만들고 서로 대화하도록 하는 것은 더 나은 협력을 가져온다."며 "이것이 우리가 최고의 서비스를 제공하기 위한 열쇠"라고 강조했다.

이러한 오픈된 공간에서 일하면 동료들의 뛰어난 부분들을 쉽게 발견하고 바로 배울 수 있다. 쉽게 물어보고 코칭받을 수 있다는 장점도 있다. 투명성은 준법경영을 강화시켜주기도 한다.

이처럼 열린 조직, 개방적인 조직만 살아남는다는 사실은 이제 거스를 수 없는 거대한 흐름이 되었다. 열린 조직은 신속하게 정보를 공유하고 서로 학습할 수 있으며 의사결정이 빠르기 때문에 혁신도 빠르다. 여러 사람이 함께 공동의 미션을 수행하면서 협업력을 키우고 집단지성과 아이디어 공유를 통해 성과를 창출할 수도 있다.

또한 소통이 원활하다 보니 노하우를 전수하기도 쉽고, 직업윤리와 업業의 가치에 대해서도 깊이 있게 공유할 수 있다. 조직 전체가 한 방향을 바라보게 되는 것이다.

쉬운 예로, 누구나 주제를 올리면 그에 대해 의견이나 아이디어를 덧붙일 수 있는 인트라넷 게시판 같은 것이 있으면 유기적인 커뮤니케이션이 가능해진다. 이러한 공유의 장치들은 결과적으로 인재들의 성장속도를 빠르게 만든다.

신입사원으로 출발해 큰 조직의 대표이사, 최고 임원까지 오른, 소위 '직장인 레전드'들이 나에게 이런 비슷한 고민을 많이 털어놓는다. 많은 리더, 경영자들의 고민이기도 하다.

"베스트 프랙티스best practice 운동을 20년 가까이 했지만 저변까지 빠르게 퍼뜨리는 데는 매번 한계를 느낀다. 사례를 발표하지만 어떤 사람은 중요한 핵심을 쏙 빼거나 감춘다. 현장에서 뛴 경험으로 봤을 때 그게 눈에 훤히 보인다."

요즘은 실적이 좋은 직원에게 포상은 물론 파격적인 인센티브까지 지급하는 기업들이 많다. 동시에 사례발표회나 워크숍 등을 통해 업무 노하우를 공유하고자 하지만 아무래도 부족하다고 말한다. 그 부족함은 조직의 분위기가 폐쇄적일수록 더욱 심각하다. 뭔가 속 시원하게 공개하지 않기 때문이다. 반대로 개방적인 분위기의 조직인 경우 우수사례 발표회나 워크숍은 실질적으로 상당한 학습효과가 있다.

보이게 일하면 우리는 동료들로부터 많은 것을 배울 수 있다. 교육을 받는 것보다 훨씬 더 많은 것을 일을 통해 얻는다. 저마다 다른 업무를 하는 사람들에게 똑같은 내용을 교육시키면 그것을 활용하고 적용하는 방법이나 정도가 서로 다를 수밖에 없다. 하지만 내가 하고 있는 일을 공개하고 동료들과 의논하다 보면 생각지 못한 것들을 새롭게 배우게 되고, 당장 내 업무에도 활용할 수 있다.

서로 까놓고 일했을 때
기적이 일어난다

소통이 잘되는 조직은 개인들이 가진 능력이나 자산들이 전체의 자원이 된다. 도서관처럼 누구든 손쉽게 열람하고 쓸 수 있기 때문에 그만큼 자원활용이 극대화된다. 반대로 소통이 안 되는 조직은 일부 사람들이 지식과 정보를 독점한다. 그렇게 되면 업무수준에 격차가 생기고 불협화음이 생긴다. 매끄럽게 진행되지 못하니 시행착오가 많아지고 좋은 인재와 기술력이 있어도 경쟁력이 없다. 직원들의 수준 차이가 심해지면 일의 바톤터치가 안 되기 때문에 결국 실패하는 조직이 되고 만다.

머리 좋은 사람이 많이 모여 있다고 해서 그 조직의 집단지성이 뛰어난 것은 아니다. 집단지성은 단순한 IQ의 합이 아니다. 똑똑한 사람이 많지 않아도 함께 고민하고 토론하면서 얻어낸 '뜻밖의 발견'이 있으면 함께 일하는 즐거움이 커진다. 또한 색다른 아이디어, 힌트, 다른 경험과 해법, 목말랐던 지식정보, 옆에 있어도 몰랐던 능력자…, 이런 참신한 발견serendipity은 사람들에게 놀라움을 준다. 그리고 협업의 위력을 체험하면 아주 강한 조직이 된다. 협업은 둘 이상의 개체가 서로 다른 전문성을 결합해 새로운 가치를 창출하는 활동이다. 더 큰 부가가치를 만들어내는 공동작업, 공동프로젝트, 합작성과다.

결속력이 강한 조직은 주고받는 아이디어의 수준이 확실히 다르다. 자신의 아이디어를 거리낌 없이 다른 사람에게 제공하고 다른 사람들의 아이디어도 활발하게 활용한다. '너의 성공이 곧 나의 성공'이라는 생각을 가진 이타적 리더가 앞장서서 갈등을 풀고, 모두가 납득할 만한 큰 가치로 풀어내기 때문이다.

이제는 조직의 혁신과 성과창출을 천재적인 개인에만 의존하는 시대가 아니다. 제도적 지원과 구성원들의 적극적인 조력이 없이는 한계에 부닥친다.

미국과학진흥협회에서 발간하는 〈사이언스 저널〉에 따르면 집단지성이 높은 팀은 다음과 같은 3가지 특징이 있다고 한다. 첫째, 팀원 모두가 골고루 이야기를 많이 한다. 둘째, 팀원들이 상대방의 감정을 읽을 수 있고 사회적 민감도가 높다. 셋째, 팀에 여성이 포함되어 있다. 이런 팀은 집단지성이 높고 성과도 좋다고 한다.

강한 팀은 '나보다 똑똑한 우리'가 되는 팀이지, 똑똑한 몇 명이 다 해먹는 팀이 아니다. 아무리 최고의 엘리트들이 모여 있어도 그들이 협업하지 않는 이기적인 사람들이라면 견제, 갈등, 부서 이기주의 등으로 도리어 쉽게 무너지는 팀이 된다. 연봉도 실력도 최고인 선수들만 모아놓은 명문구단이 꼴찌를 하는 경우처럼 말이다. 리더가 리더십을 발휘하지 못하고 선수들이 모두 이기적으로 움직이면 아무리 명문구단도 성적이 나쁠 수밖에 없다.

일하는 공간에
혁신의 철학을
담아라

지난해 구글이 본사 캠퍼스를 재건축하기 위한 계획을 발표했다. 신사옥의 별명은 '게르'다. 알다시피 게르는 몽골 사람들이 천막을 덮어 씌워 지은 집이다. 구글 본사는 거대한 유리로 뒤덮은 천막 같은 건물로 재탄생할 예정이다. 한편 애플이 짓고 있는 캠퍼스2 신사옥은, 가운데가 뻥 뚫린 도넛 모양으로 마치 우주선 같다. 가운데 부분은 공원으로 조성하고, 직원들의 업무공간은 원의 테두리에 배치된다고 한다. 원형복도를 따라 걸어 다니면서 자연스럽게 다른 부서 사람들과 소통하려는 의도를 담았다고 하는데, 이는 고故 스티브 잡스가 생전에 계획해둔 것이라고 알려져 있다.

비슷한 예로, 미국 뉴저지에 있는 글로벌 통신장비 회사 알카텔-루슨트의 벨연구소도 건물 내에 일부러 긴 복도를 만들었다. 벨연구소는 노벨상 수상자를 13명이나 배출한 연구기관으로, 그곳에서 근무하는 다양한 분야의 학자, 연구자들이 서로 자주 마주치게 만든 것이다. 자기 분야에만 몰두하지 말고 경계를 넘나들며 새로운 연구성과를 만들어내자는 철학을 담았다. 그래서인지 실제로 벨연구소에서는 사무실보다 휴게실이나 흡연실에서 좋은 아이디어가 더 자주 나온다는 말이 있다.

앞에서 언급한 페이스북의 사무실은 1층짜리 거대한 원룸이다. 완전히 뚫린 개방형 공간으로 말로만 부서 간의 장벽을 없앤 것이 아니라 실제로 벽과 칸막이를 거의 다 없앴다. 디자이너, 기획자, 엔지니어 등 2,800여 명의 직원들이 서로 자유롭게 아이디어를 나누며, 주위 사람들이 무슨 일을 어떻게 하는지 쉽게 파악할 수 있다. 이외에도 디즈니 픽사, 도요타, 유니클로, P&G, AOL 등이 개방형 사무실로 유명하다.

요즘 선진 기업들이 신사옥을 지을 때 가장 중요하게 생각하는 것은 바로 소통, 연결, 혁신이다. 사무공간에도 그러한 경영철학을 담고 있다.

'어포던스Affordance'라는 단어가 있다. 심리학에서 출발한 개념인데 어떤 행동을 유도한다는 뜻으로 '행동 유도성'이라고도 부른다. 요즘은 디자인과 건축, 컴퓨터 UI 등 다양한 분야에서 사용되는데, 어떤 행위를 유도하는 환경과 상황을 종합적으로 관찰해서 연계 가능성을 찾아내는 것이다. 이미 많은 기업들이 어포던스의 개념에서 사무공간을 혁신하고 있다. 의식개혁만으로는 변화가 일어나지 않는다는 사실을 잘 알기 때문이다.

서서 회의하고
서서 일하는 조직의 장점

당장 새로운 사옥을 짓거나 공간을 변화시키기 어렵다면, 공간 활용방식을 바꿔볼 수도 있다. 바로 스탠딩 오피스다. 북유럽을 비롯한 일부 선진국에서는 이미 실행하고 있는 회사들이 많다. 페이스북이나 AOL 같은 기업들도 꽤 오래전부터 도입했다고 알려져 있다.

사무실에서 하루에 8~9시간씩 내내 앉아 있다 보면, 나도 모르게 자세가 흐트러져 허리도 아프고 목이나 어깨도 결린다. 대부분의 직장인들이 경험해봤을 것이다.

요즘은 우리나라도 서서 일할 수 있는 책상을 도입한 회사들이 늘고 있다. 워싱턴대학교 연구팀의 연구결과에 따르면, 서서 일하면 혈액순환이 활성화되어 뇌의 활동이 촉진되고 집중력, 창의성이 높아진다고 한다. 앉아 있을 때보다 칼로리 소모가 많은 데다 척추에 무리도 적어서 전반적으로 건강에 이로운 면이 많다.

물론 하루 종일 같은 자세로 서 있는 것은 아니고, 좀 더 활발하게 주위 사람들과 소통하자는 취지다. 실제로 스탠딩 오피스에서 일하는 사람들은 이렇게 말한다.

"오래 앉아서 일할 때는 몸이 굳어지고 쉽게 피곤해졌는데, 서서 일하니 머리도 맑아지고 생각도 트이는 느낌이 든다. 앉아서 일할 때보다 아이디어도 많이 나오고, 필요한 서류를 가지고 곧바로 회의에 참석하거나 외출할 수 있어 실행력도 올라간다."

하지만 서서 일하는 게 어려운 상황이라면, 먼저 회의만이라도 스탠딩으로 해볼 만하다. 스탠딩 회의는 생각보다 장점이 많다. 서서 회의를 하면 '집중해서 빨리 끝내자.'라는 메시지가 머릿속으로 들어온다. 회의 전에 미리 말할 내용을 생각하고, 머릿속으로 어떻게 할지를 정리하고 참석한다. 그래서 다들 이야기할 것이 있고 아이디어도 많이 나온다.

사람은 서 있을 때 아무래도 좀 더 긴장하고 집중하게 마련이다. 그리고 서로 간의 거리가 가까워지기 때문에 상대방의 아이디어를 더 주의 깊게 듣는다. 그러다 보니 참석자 전원이 회의에 더 집중하고 참신한 아이디어도 많이 내놓아서 회의의 창조성, 생산성, 효율성이 자연스럽게 높아진다. 회의가 불필요하게 늘어질 일도 없다.

사실 회의가 길어지는 이유는 사전에 아무 준비 없이 시작하기 때문이 아닌가? 취지나 목적도 모르고 아무 정보도 없는 상태로 모이니 다들 별로 할 얘기가 없다. 그래서 지루하고 피곤해지는 것이다. 효율적으로 회의를 하려면 회의 주관자가 사전에 회의주제와 목적을 공지하고, 무슨 이야기를 하고 싶은지, 무슨 이야기를 듣고 싶은지 알려야 한다. 참석자들 역시 미리 그런 내용을 숙지하고 참석해야 심도 깊고 핵심적인 논의가 가능해진다. 또한 이 내용을 인트라넷 등에 공지해서 참석 의무가 없는 사람들도 아이디어나 의견을 낼 수 있게 해야 한다.

실제로 세계 최대 생활용품 전문업체인 아이리스 오야마는 스탠딩 회의로 유명한데, 오야마 켄타로 회장은 한 인터뷰에서 이렇게 말했다.

"가장 큰 목적은 업무의 효율화다. 매일 아침 부서별 미팅은 원형 테이블에서 서서 한다. 회의실을 예약하거나 준비할 필요도 없고, 회의를 단시간에 압축적으로 끝낼 수 있다. 그리고 문제가 발생하면 곧바로 모일 수 있기 때문에 효율성이 확 올라갔다. 신속하게 진행되기 때문에 짧은 시간에 압축적으로 필요한 정보를 발표해야 하고, 그러다 보니 영업에 필요한 발표능력, 고객에게 효율적으로 설명하고 알기 쉽게 설명하는 프레젠테이션 능력이 향상되었다."

이들은 창업 초기에 소규모 공장을 가동할 때 생산라인에서 문제가 생기면 신속하게 모여서 그 자리에 서서 토의하고 바로 조치를 취했다고 한다. 그때의 좋은 문화를 지금까지 살리고 있는 것이다. 이들이 사용하는 스탠딩 회의용 테이블은 높이가 1m 정도인데, 여성의 경우 팔꿈치 정도의 높이다. 이런 테이블이 있으면 토론하면서 자연스럽게 메모도 할 수 있고 몸을 약간 기댈 수도 있다. 별 것 아닌 아이디어 같지만 서서 회의를 한다는 것은 공간의 혁신이자 일하는 방식의 혁신이다. 그리고 그것은 의식, 생각의 혁신으로 이어진다.

어떻게
하는지

보이게
하라

4

어떻게 일하는지 누구나 볼 수 있고 알 수 있으면, 조직의 많은 불합리와 비효율이 개선된다. 지식·정보가 신속하고 원활하게 공유되어 확실히 좋은 성과를 만들어낸다. 퀀텀 점프도 결국 '일이 보이게' 일하는 방식을 혁신했을 때 나타나는 결과다. 일의 밀도를 높이고, 모든 것을 연결시키는 데 집중하라.

일하는 방식을
혁신하는
'밀도경영'

  예전에는 오랫동안 성실하게만 일하면 문제없이 살아갈 수 있었다. 공장 가동시간이나 직원의 근무시간이 생산성과 직결되었기 때문이다. 그러나 이제는 장시간 근로만으로 해결할 수 없는 문제가 너무 많다. 그래서 단순히 노동시간만 가지고는 개인도 기업도 생존을 보장할 수 없다. 지금은 장시간 노동에 의존하면 '고비용·저효율'의 직격탄을 맞는다. 하루가 다르게 발전하는 신흥국, 개발도상국의 저렴한 인건비는 이미 경쟁이 안 된다. 그러므로 이제는 노동시간이 아니라 가치창출이나 업무 밀도에서 격차를 만들어야 한다. 특히 시간의 길이만으로 평가하고 보상하면, 자기계발에 게으르고 생산성이 떨어지는 사람이 도리어 장시간 노동으로 월급을 더 많이 받아가는 황당한 일이 벌어진다. 그런 조직이 미래에 어떻게 되겠는가?

지금까지 우리나라의 경제성장을 견인해준 자동차, 철강, 조선, 중공업, 석유화학, 전자제품 공장들은 이미 대부분 중국, 인도네시아, 말레이시아, 베트남 등 저임금 국가를 비롯해 세계 각지의 유리한 곳에 자리를 잡아가고 있다. 과거 우리의 섬유산업을 대체했던 신흥국들은 이미 철강, 조선업까지 대체하고 있다. 뿐만 아니라 일반기계, 석유화학, 가전과 전자, 자동차, 첨단부품, 스마트폰이나 디지털 기기까지 잠식해나가고 있다. 반대로 우리가 잘하는 분야인 건설, 해양 플랜트, 전자, 자동차의 핵심은 여전히 선진국이 장악하고 있다.

국제적인 상황이 이렇다. 후발 주자들이 분발해 우리가 설 자리는 점점 줄어들고, 반대로 선진국에는 계속 밀린다. 샌드위치 공격이다. 선진국을 벤치마킹하겠다는 전략에서 탈피해 '세상에 없는 혁신을 하겠다.'는 전략으로 모드를 전환해야 한다. 의식을 바꾸고, 생각을 더 깊이 하고, 일하는 방식을 혁신해, 그 혁신력으로 창의적인 부가가치를 만들어내는 것이 해법이다.

이런 것이 공유되지 않고 이해되지 않는 조직은 앞으로 점점 더 살아남기 어려워질 것이다. 남들이 생각하지 못하는 방식, 남들이 따라오지 못하는 수준으로 바뀌지 않으면 효율성, 생산성, 수익성이 모두 떨어진다. 주문은 끊기고 회사와 공장의 가동은 멈춘다. 경쟁에서 밀리기 때문이다.

시간과 단순 노력이 아닌
밀도를 높여라

이제는 세계 어디에 가든 정보통신기술, 디지털 기기, 고도화된 시스템과 다양한 프로그램이 사람의 일을 점차적으로 대체하고 있다. 지금까지 숙련된 노동자만이 할 수 있었던 작업도 마찬가지다. 첨단 컴퓨터와 로봇, 자동화 시스템, 초정밀 분석 프로그램 등 다양한 기술의 융합 덕분이다. 그러므로 소수의 인원만으로도 거대한 공장을 돌리고 막대한 양의 업무를 오차 없이 수행할 수 있는 시대다.

그런 측면에서 일하는 방식을 혁신하고 선진화하는 것은 당장 추진해야 하는 시급한 과제다. 근무시간을 늘려 생산성을 맞추려는 구시대적인 방식에서 탈피해 밀도를 높이고 남들이 생각하지 못한 가치를 만들어내야 한다. 선두에 서려면 세상이 변화하는 속도 이상으로 빨리 바꿔야 한다. 내부의 질적 성장이 그 속도를 따라잡지 못하면 금방 위기가 닥친다. 앞선 기술력으로도 오래 버틸 수 없다.

어떤 업종이든 현장에서 일하고 있는 사람들은 이 문제를 피부로 느끼고 있다. 문제는 어떻게 극복하는가다. 어떻게 하면 과거의 한계를 훨씬 뛰어넘는 생산성을 만들어낼 수 있을까?

그 해법은 일하는 방식의 혁신을 통한 밀도경영이다. 근로시간만이 아니라 얼마나 발전했는가, 성과를 얼마나 개선했는가를 공정하게 평가하는 선진적인 보상 시스템을 갖춰야 한다. 만약 서툴고 경험이 적어 경쟁력이 떨어지는 사람은 그만큼 개인적인 시간을 투자해 해결하려는 노력을 해야 하고, 대신 조직은 그에게 기회를 주어야 한다. 하지만 그런 노력조차 하지 않는다면 조직도 냉정해질 수밖에 없다. 밀도경영은 결과의 질적인 수준을 따지기 때문에 마음의 준비상태부터 달라져야 한다.

기회가 있는 곳에는 능력 있는 인재들이 모이고 그만큼 경쟁도 더 치열해진다. 그러나 아무리 능력이 좋아도 혁신에 대한 마인드가 없으면 현재의 수준을 높이거나 밀도를 높여 성과를 내놓기 어렵다. 근본적으로 일하는 환경과 일하는 방식들을 개선해 밀도경영을 이뤄내겠다는 의식이 따라주지 않으면 경쟁력은 만들어지지 않는다. 그래서 더 오래 시간을 투자하고, 더 많은 노동을 투자했는데도 만족스러운 성과를 얻지 못하는 딜레마에 빠진다.

변화를 읽고, 예측하고, 계획하고, 선점하라

요즘은 누구나 고급 지식정보에 쉽게 접근할 수 있어서, 지식정보를 가졌느냐 못 가졌느냐는 별로 중요하지 않다. 그것을 어떻게 성과로 연결하느냐가 관건이다. 개인과 조직이 위기를 맞는 것은 변화에 둔감해져서, 변화의 시류에 올라타지 못하고 휩쓸려서다. 다양한 채널을 통해 정보가 빛의 속도로 공유되는 시대이다 보니, 아무리 혁신적인 것도 순식간에 복제되고 단박에 따라잡힌다. 그만큼 첨단산업도 진입장벽이 낮아졌고, 첨단기술의 수명 역시 점점 더 짧아지고 있다. 한때 시장을 지배했던 기술들도 그 사이클이 예전에 비해 확실히 짧다. 우리 주변의 혁신적인 제품들도 조금만 시간이 지나면 그냥 그런 평범한 제품이 된다. 혁신성으로 버틸 수 있는 기간이 짧아졌고, 그래서 누구나 쉽게 추격하고 추격당한다. 뜨는 것도 순식간이지만, 몰락도 순식간이다.

변화를 감지하는 감도를 높여야 한다. 변화의 신호를 먼저 읽고, 예측하고, 계획하고, 선점해야 한다. 변화의 길목에서 미리 기다릴 정도는 돼야 한다. 그러기 위해서는 지금 잘나가는 조직이라도 항상 적절한 긴장감을 유지해야 한다. 긴장감이 있어야 무슨 일이든 능동적으로 대응할 수 있다. 남들이 따라오지 못하도록 진입장벽을 높이는 데 애쓰는 것보다 꾸준한 혁신을 선택하는 것이 지속 성장을 위한 해법이다. 조금이라도 긴 수명을 유지할 수 있는 신기술, 신상품, 신시장을 선점하고 확보하는 데 집중해야 한다.

'고객 만족도'가 아니라
'상사 만족도'에 매달리는가

하루 종일 컴퓨터 앞에서 일하는 직군이어도, 그 일을 잘하려면 고객 접점에서 움직이는 동료들의 이야기에 귀를 쫑긋 세워야 한다. 고객의 욕구, 시장의 흐름과 변화를 알지 못하면 아무리 책상 앞에 오래 앉아서 고민해도 헛수고가 되기 때문이다.

또 리더가 직접 현장을 돌며 같이 고민하지 않고 보고서로만 전체를 이해하려고 하면 직원들은 정작 중요한 일을 못한다. 중요한 고객을 만나고 거기에 신경 써야 하는데, 상사를 이해시키기 위한 자료를 만드느라 더 바쁘다. 고객이 아닌 상사 눈치를 보고, 상사의 기분을 맞춰주어야 하니, 가장 중요한 임무인 고객 창출, 고객 만족, 고객 서비스는 대충 할 수밖에 없다.

'고객 만족도'가 아니라 '상사 만족도'에 매달리면 조직은 그렇게 서서히 무너진다. 서류작업은 계속 쌓이고, 진짜 중요한 문제를 해결하는 일은 시작도 못한다. 시장을 주시하며 새로운 고객을 창출하는 일에 집중하지 못하니 자연스럽게 시장과 멀어진다. 아니, 시장과 고객이 먼저 눈치채고 등을 돌린다. 고객 입장에서는 당장 불편함을 느끼고 미래가 어둡기 때문에 서둘러 떠나는 것이다.

고객은 지금 이 순간에도 기존의 성능, 기능, 기술, 가격을 뛰어넘는 새로운 무엇인가를 찾아 헤맨다. 고객도 이렇게 부지런히 뛰는데, 그 고객을 만족시켜야 하는 회사가 가만히 앉아 있어서야 어떻게 고객의 속내, 잠재된 욕구를 읽겠는가? 수익률이 떨어지고 시장 점유율이 떨어지고 있는 상황이라면 더욱 그렇다. 다들 감각이 떨어져 있기 때문에, 고객 접점에서 2배로 뛰어보지 않고서는 해법이 나오지 않는다.

지금 잘나가고 있는 상품이나 잘 풀리는 시장도 언제든지 막힐 수 있다. 공급선도 다변화하고, 판매채널도 다변화하고, 시장도 다변화해야 한다. 해법은 다변화로 찾아야 하지만, 일처리는 일원화시켜 질서 있고 빠르고 신속하게 해야 한다.

고체화된 사고방식으로는 생존이 불가능한 시대다. 함께 일하는 동료, 팀, 부서, 부문 간에 소통이 안 되면 그만큼 생각들이 굳어지고 막힌다. 자기 입장, 자기 업무만 생각하기 때문에 자기도 모르게 편협해지는 것이다.

해답은
오픈, 플로우,
연결사고

'뛰는 놈 위에 나는 놈이 있다.'지만, 그보다 한참 위에 있는 놈이 있다. 바로 '열린 놈'이다. 아무리 날고 뛰어봐야 혼자 열심히 하는 것으로는 금방 한계에 부딪힌다. 하지만 열린 사람은 내부의 동료는 물론이고 바깥에 있는 자원들까지 자기 것처럼 능수능란하게 활용한다.

그런 의미에서 열린 사고를 가진 사람들이 모인 열린 조직은 큰 결실을 만들어낼 가능성이 크다. 식물도 물과 공기가 잘 통하는 곳에서 잘 자라듯이, 이런 조직에서는 구성원들의 창의력을 이끌어내기도 쉽고, 좋은 인재가 자라기도 쉽다.

바야흐로 융복합의 시대다. 아무 관계가 없어 보이던 것들을 서로 연결시켜 새로운 것을 만들어낼 때 파괴력이 커진다. 또한 모든 것이 오픈된 시대다. 글로벌 경제영토가 열리고 통합되면서 어떤 기회나 자원도

한 사람, 한 국가가 독점할 수 없다. 누구에게나 기회가 열려 있다는 뜻이다. 그래서 '오픈'과 '플로우'를 바탕으로 한 '연결사고'가 중요해졌다.

예를 들어 빅데이터의 경우를 살펴보자. 일하는 과정에서 알게 모르게 빅데이터가 많이 생긴다. 그런데 어떤 사람은 그것을 쓰레기 취급하고 어떤 사람은 자원으로 활용한다. 세상에 흩어져 있는 수많은 지식, 정보 역시 마찬가지다. 연결사고를 하지 않으면 자원으로 활용하거나 부가가치를 얻을 수 없다. 그래서 지금은 전문적인 기술이나 능력을 갖추는 것도 중요하지만, 동시에 지식정보, 전문기술, 인프라, 물적·인적 자원을 결합하고 융합하고 활용해서 부가가치를 창출하는 능력을 겸비해야 한다.

그런데 연결사고를 하려면, 무슨 일이든 능동적으로 생각하고 고민하고 궁리해야 한다. 그리고 사람 간, 부서 간 장벽과 장애물을 없애야 한다. 능동적으로 궁리하는 사람들이 막힘없이 소통하고 협업할 때, 빠르고 정확한 문제해결 방법과 창의적인 아이디어가 나온다. 이런 조직은 일하다가 생기는 감정적인 갈등도 쉽게 풀 수 있다.

이처럼 지식·정보가 신속하고 원활하게 공유되는 조직은 확실히 좋은 성과를 만들어낸다. 장사도 밑천이 필요하듯 일도 마찬가지다. 좋은 인재들이 모여서 일하는 곳이 막혀 있고 단절되어 있으면 아깝게 사장되는 것들이 너무 많다. 돈, 경험, 지식과 정보들이 쓰레기가 된다. 반대로 친밀감 있게 서로 연결되면 각자가 가진 정보들이 모두의 '장사 밑천', '일 잘하는 밑천'이 된다. 마치 살아 움직이는 유기체처럼 자본, 인력, 경험, 노하우, 지식과 정보 등 모든 자원들의 효용이 극대화된다.

더 좋은 방식, 더 효율적인 방식을 서로 공개하고 누구든 제대로 쓸 수 있게 만들어 퍼뜨리는 조직, 그런 조직을 지향해야 한다. 서로의 성공을 바라며 조력하는 방향으로 움직일 때 조직과 개인은 진정으로 성장한다. 전체가 상향평준화되기 때문이다.

더 좋은 방식을 빠르게 퍼트리는 발신자나 선도자는 포상을 받고, 동료들에게 학습할 기회를 의무적으로 제공하게 하는 원칙을 세우는 것이 좋다. 이것은 차별도 아니고 불평등도 아니다. 정의로운 차등, 공정한 보상을 기초로 하기 때문에 모두에게 혜택이 돌아가는 셈이고, 경쟁력 있는 인재육성을 통해 전체가 빠르게 성장할 수 있다. 이런 방식으로 조직이 운영되면 하나의 혁신사례가 다른 여러 혁신을 촉발시킨다.

앞에서 언급한 바스프의 경우 한 공장에서 나오는 부산물을 다른 공장에서 자원으로 활용할 방법을 궁리했다. 사무직 업무도 가능한 일이다. 그렇다. 예를 들어 선배들이 했던 업무들, 시공, 설계, 프로젝트 진행, 개발, 생산, 판매, 마케팅, 사은행사, 문서작성까지 모든 일에는 결과물 혹은 부산물이 나온다. 지난 업무의 자료들이 바로 그것이다. 이런 것들도 말하자면 빅데이터다. 실패사례든 성공사례든, 업무처리의 결과는 모두 그다음에 같은 일을 할 때 참고할 만한 사례가 된다. 과거 자료를 꼼꼼하게 살피다 보면, 설계 수정이나 시행 공정을 줄일 수도 있고, 쓸데없이 낭비되었던 비용, 납기, 공기도 줄일 수 있다. 어떤 경우에는 다른 신상품 개발의 결정적인 아이디어가 되기도 한다.

이렇게 내외부의 각종 데이터들은 어떤 일이 벌어지는가를 계속 관찰할 수 있는 자료들이다. 다양한 각도에서 찬찬히 관찰하고 분석하다 보면 무엇을 준비해야 할지, 무엇을 활용할지가 보인다. 그리고 그런 고민들 속에서 기회가 찾아온다.

언제 어디서든
일할 수 있는 시대

망한 기업들을 살펴보면 열심히 안 해서 망한 게 아니다. 열심히 했는데도 망했다. 개인도 마찬가지다. 열심히 안 해서 명예퇴직 당한 게 아니다. 이제는 그냥 열심히 해서는 안 되는 시대다. 지적 하드워킹의 시대, 즉 생각으로 성과를 만들어내야 하는 시대다.

선진국으로 갈수록 근로시간에 제약이 많고, 법정 근로시간도 점점 짧아지고 있다. 그래서 근무시간이 얼마나 긴가보다는 얼마나 밀도 있게 일했는가, 얼마나 생산성 있게 일했는가, 얼마나 높은 부가가치를 창출했는가에 따라 평가받고 보상받게 되었다. 결국 짧은 시간 안에 효율적으로, 생산성을 높이는 것이 숙제다.

잘나가는 조직일수록 다들 학구열이 높고, 자기계발에 대한 욕구가 강하다. 이는 모두 정해진 근무시간에 더 좋은 퍼포먼스를 내기 위한 것이다. 즉 학습을 통해 얻은 기술과 도구들을 업무에 도입해 일하는 방식을 바꾸고 퍼포먼스를 혁신하려는 것이다.

요즘은 언제 어디서든 IT기기를 활용해 인터넷에 연결할 수 있다. 머리를 많이 써야 하는 기획안도 사전에 사내 인트라넷 등에 들어가 기존 자료를 참고하면서 다양한 사례를 학습하고, 이렇게 저렇게 '생각 실험'을 해보면서 실전처럼 연습해볼 수도 있다. 또한 빅데이터를 살펴보면서 새로운 아이디어의 실마리를 발견할 수도 있다.

시간도 공간도 제약이 없어졌다. 일할 수 있는 기회는 얼마든지 열려 있다. 부족한 능력을 만회할 기회들도 과거에 비해 훨씬 더 많다. 결국 자신의 일을 사랑하고, 자기가 다니는 회사를 좋아하는 사람이라면 좋은 성과를 만들기 쉬운 환경이 되었다.

앞으로는 근무시간도 점점 무의미해지고, 설령 같은 시간 동안 일한다 해도 개인 간의 성과 차이는 더 크게 벌어질 것이다. 개인의 능력에 따라 쓰는 도구가 달라지고, 그 도구를 사용하는 능력에 큰 차이가 있기 때문이다.

어제와 다른 첨단장비, 어제의 성능을 뛰어넘는 프로그램이 매일 새롭게 나온다. 의욕만 있으면 누구든 실전 이상으로 준비할 수 있다. 미리 실전처럼 훈련도 할 수 있다. 그리고 더 부지런한 사람들은 할 일의 80%를 미리 해놓기까지 한다. 게다가 요즘은 직장에 나가지 않아도 의지만 있다면 언제 어디서든 일할 수 있다. 실시간으로 필요한 정보를 검색하고, 현재 진행형으로 도움을 주고받으며, 현실에 가까운 시뮬레이션 장비들을 활용할 수 있기 때문이다.

어디서든 일할 수 있는 시대, 클라우딩, 빅데이터, 사물인터넷 등으로 다양한 기기들이 인터넷으로 연결되며, 엄청난 데이터들이 만들어지고, 그것을 빠르게 분석할 수도 있다. 필요한 자료는 언제 어디서든 누구나 자유롭게 사용할 수 있다. 이제 거대한 슈퍼컴퓨터가 손안에 들어왔고 시공간의 제약과 물리적 장벽이 모두 사라졌다.

개인과 조직이
함께
성장하기

"고통스럽지만 30%를 정리해고 해서 70%를 살릴 수 있다면 때로는 구조조정이 필요하다."

이것은 구조조정 전문회사들의 의견이지만, '위기가 닥치기 전에 서둘러 문제를 해결하라.'는 교훈이기도 하다. 인력을 줄이면 대차대조표나 현금 유동성 확보에 즉각적인 효과가 생기지만, 인적 비용만 줄었다고 해서 문제가 해결되는 것은 아니다. 이것은 어디까지나 최후의 수단이다. 그것보다 먼저 손을 대야 할 것은 일하는 방식을 바꿔 비용을 개선하는 것이다. 체질을 개선하고 일하는 방식을 혁신하는 등 근본적으로 문제를 해결하지 않으면, 인적 구조조정을 아무리 여러 번 해도 끝내 도산하고 만다.

망한 회사들의 공통점은 혁신의 부재에서 오는 리스크를 소홀히 여겼다는 것이다. 눈앞의 이익만 좇느라 미래를 준비하지 못한 경우다. 의식의 문제는 물론이고, 운영의 문제, 낙후된 시스템의 문제 등 일하는 방식을 혁신하지 않아서 수익성이 개선되지 않은 것이다.

많은 조직이 당장 숫자로 드러나는 단기적인 이익만 앞세워 미래에 대한 투자를 줄이는 것이 문제다. 긴 호흡으로 신성장동력을 발굴하기보다 보여주기식 경영으로 과다하게 규모만 키우는 경우도 많다. 부동산 등에 과다하게 투자해서 유동성이 약화되면 위기에 취약해진다.

연구개발을 통해 신기술과 신상품을 확보하는 조직, 새로운 아이디어로 신시장을 개척하는 조직, 제도와 시스템을 선진화시키고 조직을 슬림화해서 경쟁력을 높이는 조직, 인재교육과 인재육성을 중점과제나 주요전략으로 두는 조직, 이런 식으로 투자를 우선하는 곳이 항상 경쟁력 있는 조직이 된다.

단순히 인건비를 줄이겠다고 인력만 줄인다면 어떻게 될까? 남은 사람들이 그 일을 떠맡아야 하니 업무량이 늘어난다. 혼란스럽고 복잡해진 상황에서 연장근로와 잔업이 늘어나고, 직원들은 정신적으로나 육체적으로 지치게 된다. 동시에 우수한 인재와 여성인력이 이탈하고 의욕상실로 이어진다. 고정비를 줄이려고 인원을 감축했지만, 반짝 효과만 있지 나중에는 비용이 더 늘어나기도 한다.

근본적으로 일인당 생산성, 일인당 부가가치 창출액(이익액)이 달라져야 한다. 각 개인들의 시간당 생산성을 개선해야 한다는 뜻이다. 그래야만 적자를 흑자로 바꿀 수 있다.

개선할 수 있는 부분은 엄청나게 많다. 핵심 포인트는 모든 사람이 각자의 자리에서 '돈 안 들이고 할 수 있는 것부터 개선하기'다. 돈을 더 투자하고 사람을 더 투입하는 것은 누구나 쉽게 할 수 있지만, 돈 안 들이고 개선하려면 그만큼 디테일한 부분까지 철저하게 고민해야 한다. 이는 강력한 체질개선의 근간이다. 1990년대 도요타가 GM 같은 미국 자동차 기업들의 반격에서 살아남았던 비결도 '돈 안 들이는 혁신부터 시작해 결과 내기'라는 강력한 체질개선을 실천했기 때문이다. 그러고 나면 인적, 물적 투자가 훨씬 더 큰 효과를 발휘한다.

무작정 돈이나 사람부터 투입하면 그 효과는 반짝 하고 끝나버린다. 다들 '할 수 있는 일을 찾기'보다는 '해줬으면 하는 일'만 보고 쉽게 생각하기 때문이다. 스스로 할 일을 찾거나, 문제를 찾아 해결하려는 생각이 먼저여야 한다. 체질이 바뀌지 않으면 어떤 투자도 밑 빠진 독에 물 붓기다.

의식과 생각은 쉽게 바뀌지 않는다. 변화의 필요성을 알고 있는 사람들도 실제로 변화하기까지는 시간이 걸린다. 아는 것과 행동하는 것 사이에는 시간 차이가 있다. 아느냐 모르느냐가 아니라 알고 있는 것을 실행하느냐 아니냐가 더 중요하다. 이 변화의 속도는 사람마다 다른데, 안타깝게도 직원 전체의 의식과 생각이 저절로 바뀔 때까지 시장과 고객은 기다려주지 않는다. 결국 리더나 깨어 있는 인재들이 시장의 변화를 일찍 감지하고 방향을 찾아 조직의 변화를 이끌어야 한다.

그 해법으로 일터의 환경을 바꿔 그것으로 인해 의식과 생각을 바꾸게 하는 것이다. 쉽지 않은 작업이지만 반드시 필요한 일이다. 혁신의 방향은 모두의 성장이다. 사물과 환경을 바꾸면 사람은 그것에 빠르게 적응해간다.

그린빌 공장의
기적

이제 인류는 역사상 단 한 번도 가져보지 못한 촘촘한 네트워크를 갖게 되었고, 수평적으로 전 세계가 동시에 연결되는 스마트 시대에 살고 있다. 전통적인 공장들조차 스마트 팩토리로 변신하고 있어서, 예전처럼 야근이나 철야를 밥 먹듯이 하거나 휴일을 반납하며 출근하는 것이 의미 없어졌다. 옛날 방식으로 일해서는 도저히 세상의 변화를 감당해낼 수 없기 때문이다.

〈하버드 비즈니스 리뷰〉에 혁신사례로 소개된 GE의 그린빌 공장 이야기다. 이 공장은 가스터빈을 생산하는데 터빈 생산부서와 연소 실험실, 기술센터, 신재생 에너지 사업부가 있다. 이 공장에서 최신 개발해 공급하는 9HA는, 터빈 1대로 60만 가구에 전력을 공급할 수 있는 대형 터빈이다. 이 제품의 개발과 생산 과정에서 GE 그린빌 공장은 큰 주목을 받았다.

그린빌 공장은 이 제품을 개발할 때 종전의 개발기간 5년을 2년 반으로 줄였고, 연구개발비도 절반으로 줄일 수 있었다. 그런데도 발전 효율은 무려 30%나 개선했다. 그린빌 공장은 최고의 전문가들이 모이는 곳으로도 유명하다. 재료공학, 물리학, 기계공학, 항공공학 전문가들이 같이 일한다. 최첨단 기술들이 고도로 융합하는 곳이기도 하다.

사람, 자원, 시설을 갖추는 것보다 중요한 것은, 이것들을 연결시키고 그래서 결과를 낼 수 있게 환경을 혁신하는 것이다. 돈 안 들이고 회사나 조직 내에서 혁신할 수 있는 일은 먼저 공간, 시간, 절차를 혁신하는 것이다. 그것만 집중적으로 고민해도 혁신할 것들이 많다.

그린빌 공장도 처음부터 그렇게 혁신적이었던 것은 아니다. 하지만 일하는 방식을 혁신함으로써 궁극적으로 획기적인 제품을 만들어냈다. 그들은 "더 날렵하게leaner, 더 빠르게faster, 고객과 더 가까이closer"를 모토로 '패스트 워크fast work'에 심혈을 기울였다. 비록 GE는 전통적인 기업이었지만, '린스타트업lean startup'이라는 실리콘밸리식 문화를 접목했다. 린스타트업이란, 아이디어를 빠르게 시제품으로 내놓고 시장의 반응을 체크한 후 다음 제품개선에 반영하는 전략이다. 외부의 피드백을 신속하게 반영해 제품을 보완하면서 완성도를 높일 수 있다.

또한 그린빌 공장은 GE의 차세대 항공기 엔진을 만들 때, 3차원 프린팅 기술과 금형 기술을 이용해 용접 횟수를 25회에서 단 5회로 줄였다. 덕분에 여러 시간 걸렸던 용접 작업은 10분 만에 끝났다. 시간과 과정이 엄청나게 단축된 것이다. 놀라운 것은 이렇게 용접 부위가 획기적으로 줄어들었음에도 불구하고 내구성은 더욱 높아졌다는 사실이다.

결론은 시스템을 선진화시켜야 혁신력과 성과창출력이 높아진다는 것이다. 그러면 서로 혁신을 독려하고 촉진하는 조직 문화도 쉽게 자리 잡는다. 시스템을 바꿀 때 집중해야 할 것은 제품의 품질과 서비스의 질을 향상시키는 것이고, 내부의 운영체제도 그러한 기조를 염두에 두고 개선해야 한다. 이는 구성원 모두에게 일을 통해 자신과 조직을 성장시킬 기회를 제공하는 결과를 가져다준다.

누구나 마음껏 실력을
발휘할 수 있는 놀이터

농경사회에서는 '힘이 곧 생산성'이었지만 산업혁명 이후에 사람의 힘을 기계가 대체하면서 '힘'의 중요성이 쇠퇴했다. 그런데 지금은 기계가 힘뿐만 아니라 사람의 머리까지 대체하기 시작했다. 첨단기능을 탑재한 지능형 기계들이 많아졌기 때문이다. 그래서 이제는 사람만 할 수 있는 창의적인 생각, 참신한 아이디어가 중요해졌다. 똑똑해진 기계와 빨라진 시스템을 활용해 얼마나 높은 부가가치를 창출할 것인가가 관건이다. 말하자면 사람의 능력을 대체하는 도구들을 구사하고 활용하는 능력에 따라 실력 차이가 엄청나게 벌어질 수 있다는 뜻이다.

이런 창의적인 성과, 혁신적인 결과물들은 어느 날 갑자기 튀어나온 것들이 아니다. 문제의식을 가지고 '왜? 어떻게? 어떤 해법이 있을까?'라고 끊임없이 자문해야 한다. 그 생각을 24시간 머릿속에 달고 다녀도 나올까 말까다. 하지만 문제를 해결하고자 하는 의지를 가진 사람은 늘 문제와 관련된 지식과 정보를 찾아 움직이고, 빅데이터 속에서 시장의 흐름과 시대적 맥락을 조금씩 읽어나간다.

일하는 환경을 혁신하고, 제도와 시스템 개선을 지속적으로 추구하는 조직과 기업에서는 구성원들이 마음껏 역량을 발휘한다. 다른 곳에서 실력을 발휘하지 못했던 사람들 중 의욕적인 사람들은, 이제껏 몰랐던 실력을 발휘하며 성장하고 발전한다. 물론 반대로 매너리즘에 빠졌거나 현실 안주를 선택하는 사람들은 압박을 받는다. 선진적인 환경이란 모두의 성장을 자극하고 촉진하는 환경이라는 의미다. 혹여 '내가 이 정도만 하면 여기서도 인정받겠지.' 하는 안일한 생각으로 이직한 사람이 있다면, 그것이 큰 착각이었음을 알게 된다. 이처럼 선진적인 시스템을 갖춘 곳에 들어가면 일에 대한 열정은 물론이고 자신이 속한 곳에 대한 자부심도 커진다. 자신의 능력을 극한까지 써보아도 괜찮겠다는 신뢰 덕분에 일에 완전히 몰입할 수 있다.

한 가지 덧붙이자면, 폐쇄적이고 단절된 환경에서는 다른 사람들이 제안한 아이디어에 대해 경청하고 내 의견을 보태서 어떻게든 더 나은 방법을 궁리할 생각을 하기보다는 흠잡고 비난부터 하려고 하는 사람들이 많다. 그리고 어떤 경우에는 논쟁을 피하려고 좋은 아이디어가 있는데도 내놓지 않는다. 이들은 직장에서 일하는 자신을 소처럼 끌려와서 일하는 사람으로 정의하고, 자발적으로 일하는 것이 손해라고 생각하기 때문이다. 그리고 곧바로 칸막이 뒤에 숨거나, 그 속에서 나오려 하지 않는다.

서로 통하고 흐르지 못하니 조직은 썩은 호수가 되고, 그 속의 물과 개체는 썩는다. 고인 물은 소독을 해도 세균이나 곰팡이가 쉽게 번식하고, 정화제를 뿌려도 금방 탁해진다. 조직도 마찬가지다. 산소가 풍부한 맑은 물로 만드는 방법은 끊임없이 흐르게 하는 것뿐이다. 열고, 소통하고, 보이게 해서 흐르게 해야 한다. 지식과 정보, 경험, 노하우, 기술, 재능들이 막힘없이 흘러야만 새로운 아이디어가 나오고 사람의 성장도 빠르다.

연결이 안 되면
아무
소용없다

어떤 조직은 실력 있고 똑똑한 사람들이 많이 모여 있는데도 계속 사고가 터지고, 고객의 불평불만이 이어지며, 비용이 줄줄 샌다. 왜 유능한 사람들이 다들 실력을 제대로 발휘하지 못할까? 왜 이렇게 효율이 낮고 실적이 개선되지 않을까? 이런 곳을 자세히 살펴보면, 전체적으로는 어느 정도 고르게 실적을 내고 있지만, 몇몇 부서에서 항상 병목 현상이 일어나거나 실적이 지나치게 안 좋아서 다른 부서의 실적을 까먹는 경우가 허다하다.

'내 할 일 다 했으니 나는 끝', '우리 부서 업무를 끝냈으니 끝'이라는 생각들이 팽배하면 이런 일이 벌어진다. 이런 곳에서는 아무리 많은 인력과 재원을 투자해도 성과를 내기 힘들다. 반대로 일이 돌아가는 전체적인 흐름에 구성원 모두가 관심을 갖고 총력전을 펼치면 상황이 좀 열악해도 나름 성과를 낸다. 모든 구성원들이 부족한 부분을 서로 채우고 중간에 잘못된 부분들은 수정해서라도 어떻게든 성과를 내려고 한다. 사실 조직의 성패는 그런 데서 갈린다.

내가 맡은 일에만 사로잡혀 있으면 개인이든 부서든 사사건건 벽에 막히고 암초에 부딪힌다. 예를 들어 개발부서는 구매부서 때문에 막히고, 구매부서는 결재라인 때문에 막히고, 시공부서는 설계부서 때문에 막히고 설계부서는 현장조사팀 때문에 막히고 현장조사팀은 업무지원팀 때문에 막힌다. 뭔가 해결되면 그다음에 또 다른 문제가 생긴다. 이런 현상들을 방치하면, 나중에는 되는 이유보다 안 되는 이유들이 더 많아진다. 이것은 구성원들이 서로를 연결시켜서 공동의 문제해결에 집중하지 않고 자기 것만 지키려는 마인드에 갇혀 있기 때문이다.

자기 것만 지키려는 사람들은 타 부서에서 어떤 요청이 들어왔을 때 일단 핑계부터 댄다. 즉각 지원해주거나 곧바로 결재해주는 법이 없다. '그렇게 간단한 일이 아니다.'라며 보류부터 하고, 뭔가 작은 것이라도 꼬투리 잡을 것부터 찾는다. 능동적으로 일을 이해하려고 노력하기보다는 상대방에게 자신을 충분히 이해시켜달라고 거들먹거린다. 나중에 실컷 애를 먹이고 마지못해 해주는 방식으로 처리한다. 그런 방식이 존재감 있게 일하는 방식이라고, 리더로서 권위를 세울 수 있는 방식이라고 착각한다.

특히 리더가 이렇게 일에 걸림돌이 되면, 문제가 커진다. '이 회사는 당신이 그만두면 바로 흑자!'라고 말해주고 싶을 정도로 심각한 리더들도 실제로 존재한다.

월급쟁이 근성이
단절된 사고를 부른다

한 음식점이 오픈하는 날이었다. 첫날이라 음식이 늦게 나오고 서빙하는 직원들도 우왕좌왕하는 모습이었다. 그런데 갑자기 주방에서 연기가 펄펄 나더니 주인이 영업을 할 수 없다며 손님들을 급히 내보냈다. 알고 보니 조리대 위의 환풍기가 돌아가지 않았고, 싱크대 하수구가 막혀 물이 내려가지 않았던 것이다. 이유가 아주 황당했다. 설비 담당자는 뒤늦게 미흡한 바닥 보수공사를 하느라 하수구를 막아놓고 그냥 가버렸고, 외벽을 마감하던 인테리어 업자는 공사하는 데 거치적거린다고 환풍기 전선을 끊어놓고 공사를 마무리했다는 것이다. 모든 파트가 일의 연결은 생각지 않고 자기 일만 해놓은 결과였다. 이러한 과업의 충돌, 업무단절은 왜 일어난 걸까?

다들 즐겁게 일하고 성장하면서 좋은 실적을 냈을 때, 조직이 강했을 때를 돌아보라. 모두가 일사불란하게 움직였을 때다. 서로 친밀하게 그리고 활발하게 소통하면서 정서적으로 하나가 된 것을 온몸으로 느겼을 것이다. 그런 경험을 공유한 사람들은 동료들을 더 많이 이해하려고 노력하고, 더 합리적인 해법을 찾아내려고 노력한다. 그것이 바로 일체화一體化다. 이러한 일체화를 경험하면 동료들로부터 몰랐던 점을 배우고, 새로운 깨달음을 얻는다. 그 과정에서 서로의 경계를 넘어서는 이종결합이 이루어지고, 생산성이나 효율성을 높이고 성과를 개선하는 일, 또는 새로운 가치를 만들어낸다.

요즘 많은 조직이 계층, 직급 다이어트에 열을 올린다. 의사결정이 느리고 업무절차가 복잡하면 도태될 수밖에 없는 상황이다 보니, 계층을 줄여 쓸데없는 에너지 소모를 줄이고 업무진행 속도를 높이기 위한 목적이다.

낡은 조직에는 한 가지 공통점이 있다. 리더들이 역할과 책임은 외면하고 권한만 행사한다는 점이다. 혁신이나 성과 개선에는 관심이 없고 감독, 승인이라는 명목으로 군림하려고만 든다. 가령, 분초를 다투는 상황에서도 일부러 결재나 승인을 미뤄 자신의 힘을 과시한다. 일의 효율을 높이고 생산성을 개선해 성과로 보여주겠다는 생각보다는, 다른 팀을 견제하거나 일부러 어렵게 하는 등 나쁜 방법으로 존재감이나 영향력을 행사한다.

많은 기업들이 계층이나 직급 다이어트를 하는 이유도 바로 이것이다. 계층이 너무 많으면 의사결정이 느려지는 것도 문제지만, 위로 올라갈수록 현장 감각이 떨어진다. 그 말은 곧 조직이 시장, 고객과 멀어진다는 뜻이고, 실질적으로 고객을 만족시키거나 성과를 만들어내기 어려워진다는 의미다.

또한 과거와 달라진 경영환경도 계층 다이어트의 이유다. 과거에는 층층시하 단계별로 재가를 받으려면 시간이 오래 걸렸다. 중간단계에서 책임을 회피하는 사람도 있고, 간혹 서류에 부족한 부분이 있어 그것을 수정, 보완하느라 지체되는 경우도 많았기 때문이다. 윗사람이 너무 바쁜 경우, 윗사람 스케줄 때문에 결재받는 데만 며칠씩 걸리기도 했다. 하지만 지금은 규모가 큰 거래도 의사결정에서 집행까지 몇 시간 안에 가능해졌다. 온라인을 통해 실시간으로 내용을 확인하고 결재도 가능해졌기 때문이다.

사내 인트라넷이나 온라인 결재 시스템을 통해 해당 관계자와 결재자들이 동시에 과정과 결과를 지켜볼 수 있다. 묻고 싶은 내용이나 추가적인 아이디어도 첨부할 수 있고, 각자 가진 정보들을 공유하면서 부족하거나 수정하고 싶은 부분들도 실시간으로 보완할 수 있다. 결재의 절차나 단계도 확 줄이고, 서로 기다릴 필요도 없이 신속하게 업무를 진행할 수 있다.

실제로 불필요한 결재 단계를 줄이는 것만으로도, 일처리 속도를 상당히 높일 수 있다. 계층을 간소화하는 흐름은 거스를 수 없는 추세다. 과감하게 권한이양을 하고 책임자 중심으로 조직의 단위를 작게 줄여 '책임경영'으로 가동시키면, 실무자들은 업무 몰입도가 높아지고 일하는 즐거움도 배가된다. 실적도 자연스럽게 높아진다.

그 외에도 불합리와 비효율을 개선할 수 있는 수많은 방법들이 존재한다. 예를 들어 문서와 양식을 통일하고 선진화시키기, 불필요한 절차를 없애고 업무 집중도 높이기, 일처리 방법을 공유해서 성과 개선하기, 중복된 업무를 없애고 일원화하기, 보고 절차 간소화하기 등이 있다.

그중에서 '의사결정 빠르게 하기'를 조금 더 깊이 생각해보자. 현재 당신의 조직에서는 담당자가 어떤 기안을 올릴 때, 최종 의사결정권자에게 도달하기까지 시간이 얼마나 걸리는가? 몇 단계 혹은 몇 사람을 거쳐야 하는가? 그 모든 사람의 재가가 반드시 필요한가? 시간을 가장 많이 잡아먹는 중간단계는 어느 지점인가? 그 이유는 무엇인가? 이런 질문들에 답해보자.

대체로 중간 관리자나 업무를 공유하는 타부서에서 시간을 지체하는 경우가 많다. 왜 지체되는지 이유도 생각해보아야 한다. 내가 만든 서류에 미비한 점이 많아서 그런지 아니면 다른 이유 때문인지 말이다. 누군가의 책상 위에서 잠자고 있는 서류 때문에 구성원들은 사기가 꺾이고 몸도 마음도 지친다.

구글을 꿈의 직장으로 만든 '프로젝트 옥시전'

구글은 전 세계적으로 '일하기 좋은 직장', '꿈의 직장'으로 잘 알려져 있다. 〈포춘〉이 선정한 '최고의 직장 100'에서 2년 연속 1위를 차지하기도 했다. 구글이 이렇게 된 데는 끊임없이 혁신하려는 조직의 노력이 있었다. 그중 하나가 '프로젝트 옥시전Project Oxygen'이다.

2009년 초 구글은 사내 직원분석팀을 만들었다. 이들은 꼬박 1년 동안 팀장급 이상의 직원들에 대한 자료를 100종류, 1만 건 이상 수집해서 분석했다. 업무평가, 대면조사, 설문조사, 사례연구 등 입수할 수 있는 데이터는 전부 모았다고 한다. 그리고 결론으로 '좋은 보스가 되기 위한 8가지 조건'을 추렸다. 몇 가지만 소개하면, 팀원과 1대1 만남을 갖고 좋은 코치되기, 팀원에게 권한은 주되 잔소리하지 않기, 팀원의 성장과 행복에 관심 갖기, 생산성과 결과를 중시하기, 팀원의 이야기에 귀기울이기 등이다.

이처럼 8가지 조건 중 대부분을 차지하는 것이, 직원의 생각과 마음을 읽고 답을 찾기 위해 노력하라는 것이다. 그러한 노력이 조직에 '산소' 역할을 한다. 특권만 누리려 하거나 자신의 이익만 챙기는 리더는 직원들로부터 신임을 얻을 수도 없고, 조직의 성장에 도움이 되지도 않는다. 특권을 내려놓기 싫어서 일부러 일처리 과정을 복잡하게 만들거나, 관습에 사로잡혀 매뉴얼이나 규정을 바꾸지 않으려 하는 것도 마찬가지다.

일하는 방식을 혁신한다는 것은 이런 부분들을 발견해내고 일이 신속하게 처리될 수 있도록 규정이나 룰을 바꾸는 것이다. 낡은 원칙을 고치고, 불필요한 특권들만 내려놓아도 경기력은 달라진다. 또한 의외로 업무방식의 차이와 소통의 부재 때문에 서로 갈등하고 불만을 갖는 경우가 많다. 나만 일을 많이 하고 있다고 생각하거나, 내 일이 제대로 평가 받지 못한다고 억울해하는 것이다.

요즘은 스마트 기기들의 발달 덕분에 일상의 문제들을 아주 쉽게 해결할 수 있다. 무언가를 계산하거나 기억할 필요도 없고, 그저 필요할 때 찾아 쓰기만 하면 된다. 그래서 일각에서는 이러한 기술의 발전이 인간의 사고력과 판단력을 퇴화시킨다고 우려하기도 한다. 하지만 뇌를 사용하는 분야가 조금 달라졌을 뿐, 능동적으로 사고하면 오히려 기술의 도움을 받아서 창의력과 문제해결 능력을 크게 키울 수 있다. 또한 시간과 에너지를 획기적으로 절약하는 방법을 찾아냄으로써 놀랄 만한 진보를 이뤄낼 수도 있다.

그래서 우리는 능동적으로 일할 수 있는 기회와 환경이 필요하다. 도전적인 과제와 적절한 자극을 통해서 창의적인 사고력을 키워야 한다. 그렇지 않으면 단순히 넘쳐나는 정보들을 소비하는 데만 익숙해져 점점 더 무능해질 수밖에 없다.

우리가 제대로 집중할 수 없으면 시간이 아무리 많이 주어져도 별다른 성과를 못 낸다. 사람에 따라 몰입을 지속할 수 있는 시간의 길이나 일에 집중할 수 있는 주기와 스타일이 다를 수밖에 없다. 보통 사람들은 남들과 같이 일할 때 집중이 잘 안 된다고 말한다. 물론 정반대인 사람도 있다. 이처럼 자신에게 맞는 몰입 스타일을 알고 미리 준비해두면,

남들과 부대끼면서 협업을 해야 할 때도 훨씬 효과적으로 일할 수 있다. 가령, 여럿이 일하는 환경에서 집중이 잘 안 될 때는 집중해서 처리해야 할 일들을 미리 해놓고 시작하는 것이다. 사람들과 함께 일할 때는 조사하고 소통하는 과제를 중심으로 하면 된다.

기회가 왔을 때는
뛰면서
생각하라

　　이미 선발 업체들이 확고부동하게 자리를 잡고 있는 상황에서 새로운 고객을 창출하기란 말처럼 쉽지 않다. 하지만 그런 상황에서 고객을 늘려 열세를 극복하고 결국 시장에서 선두에 오른 사례들이 있다. 이들의 공통점은 '매우 빠르다.'는 것이다. 이들은 아주 빠른 속도로 기존 패권자들의 약점들을 파고들어 시장을 장악했다.

　　간혹 고객이 기존 거래처에 실망할 때가 있다. 거래처의 실수로 도리어 발주처가 위기를 맞기도 하는데, 기존 업체들은 그런 상황을 별것 아니라고 판단한다. 현장과 지원부서 모두 감각이 무뎌진 것이다. 후발 주자에게는 그런 상황이 기회다. 그 틈을 파고들면 선발 주자를 따라잡을 수 있다.

　　기존 거래처나 기존 상품, 서비스에 실망한 고객은 새로운 것을 물색

한다. 호시탐탐 기회를 노리던 후발 업체는 그런 것들을 감지해내고 위기에 처한 고객을 구한다. 직접 찾아가 무엇이 문제이고 불만인지 알아내고 납품기한이나 수량, 품질 등 고객의 불만을 해결할 방안을 제시한다. 어떤 불만이든 다 해결해주는 것이다. 물론 똑같은 후발 주자여도 준비가 안 된 조직은 그렇게 하지 못할 것이다. 배부른 조직은 고객사에 급한 일, 돌발상황, 사고가 일어나도 고개를 젓는다. 예정에 없고 계획에 없었으니 이러저러한 절차를 밟으라고 말한다.

기회가 눈앞에 있는데도 놓치는 경우가 있다. 고객이 기다리고 있는데도 내 방식대로, 내 속도에 맞춰 일하다가는 고객이 썰물처럼 빠져나간다. 한 번 등을 돌린 고객은 다시 돌아오기 힘들다. 다시 돌아오게 하려면 몇 배 더 노력해야 한다. 그래서 기회가 왔을 때, 일이 닥쳤을 때는 '뛰면서 생각한다.'는 정신으로 시간과 싸워야 한다. 스스로에게 '뛰면서 생각하라.'고 명령할 정도로 치열한 경험을 할 때 사람은 크게 성장한다.

실력 없는 선수는 플레이할 때마다 감독이나 코치에게 물어야 한다. 스스로 의사결정을 할 수 없기 때문이다. 그러면 제대로 경기에 몰입할 수 없고 경기의 속도에도 따라갈 수 없다. 그런 선수들로 구성된 팀은 백전백패다. 하지만 프로 선수는 스스로 판단해서 뛴다. 조직도 마찬가지다. 각자가 프로 선수처럼 미리 생각해서 뛰고, 뛰면서 생각해야 한다.

지금 당장 해야 할 것들은 많은데 '시간이 없고, 사람이 없고, 방법이 안 보일 때'가 있다. 그럴 때는 대부분 우리 눈에 잘 보이지 않지만 큰 기회가 지나갈 때다. 그럴 때야말로 혁신으로 효율을 높이겠다고 결심해야 한다. '뛰면서 생각하자.'는 팀정신이 필요한 것이다. 모두가 감각을 깨우고 안테나를 세워 중요한 것에 집중하면 지금 닥친 위기를 극복하고 동시에 새로운 기회를 잡을 수 있다. 기회는 빨리 지나가기도 하고 천천히 지나가기도 한다. 그 사이에 잡지 않으면 영원히 못 잡는다. 혼자서는 어려워도 여럿이 같이하면 할 수 있다.

고객이 '지금 당장 해달라.'며 기다리고 있고, 시장이 우리를 앞질러 변하고 있는데도 '완벽하게 하고 싶다.'는 미명으로 죽치고 앉아서 뭉개고 있는 조직은 위험하다. 이런 모습은 직원들이 성공에 취해 무사안일주의에 물들어 있을 때 나타나는 현상이다. 나중에 더 값비싼 대가를 치를 것이다.

진부한 말이지만, 위기와 기회는 늘 같이 다닌다. 상황이 바쁘고 혼란스러울수록 위기와 기회 역시 빠르게 움직이는 셈이다. 이때 기회를 잡는 쪽은 철저한 자기관리를 바탕으로 "뛰면서 생각하는" 사람들이다. 반대로 기회를 놓치는 쪽은 무질서의 수렁에 빠져 그냥 "어…, 어…." 하다가 시간만 흘려보낸 사람들이다. 자신의 일을 사랑하고 동료와 팀의 성공을 생각하는 사람은 가만히 있지 않는다. 뛰면서 고민하고, 결국에는 해낸다.

퀀텀 점프와
도약의 타이밍

퀀텀 점프, 즉 대약진은 결국 일하는 방식을 혁신했을 때 나타나는 결과다. 남들이 절대 불가능하다고 생각했던 일들을 함께 머리를 맞대고 고민해서 이뤄낸 것이다. 유니클로의 플리스가 그 예다.

플리스는 보온성이 높고 가벼운 폴리플리스 섬유로 만든 제품이다. 유니클로는 본격적으로 수도권 진출을 시도하던 1997년 무렵, 전통 있는 섬유회사 도레이에 거래를 부탁했지만 처음에 거절당했다. 이름도 알려지지 않은 작은 회사이다 보니 상대조차 해주지 않았던 것이다. 하지만 유니클로는 끈질기게 설득을 이어갔고, 결국 도레이는 플리스 원재료 개발에 적극적으로 뛰어들게 되었다.

서로 의기투합을 하자 유니클로의 상품기획과 개발팀 담당 간부는 필요할 때마다 도레이에 상주하다시피 하면서 개발을 독려하고 속도를 내달라고 요구했다. 실무직원들이 전력으로 신상품 개발과 신시장 개척에 집중하고 몰입할 수 있도록 담당 부서의 간부들이 지원사격을 확실히 한 것이다. 간부들은 안이 아니라 밖에서, 그것도 자신들보다 훨씬 우위에 있는 상대방 회사에 이야기하기 껄끄러운 문제들을 부탁하고 앞장서서 해결해줬다. 자연히 실무자들은 정말 중요한 업무에 집중할 수 있었다.

또한 간부들이 현장에 직접 나가서 회사 대 회사로 큰일들을 해결했기 때문에 의사결정도 순식간에 끝났다. 위에 보고하고, 결재받느라 며

칠씩 기다리면서 이리저리 쫓아다닐 필요도 없었다. 불필요한 시간 낭비와 에너지 낭비를 줄이면서 유니클로 직원들은 오직 시장만 보며 상품 개발과 신시장 개척에 몰입할 수 있었다. 이렇게 간부들이 먼저 앞장서서 막힌 곳을 뚫어주고, 다리를 놓아주고, 껄끄러운 문제들을 해결해준 것은, 그야말로 직원들에게 '산소' 같았다.

당시 작은 신생기업인 유니클로에게 도레이는 전통과 규모 면에서 비교가 안 되는 상대였다. 하지만 유니클로의 이러한 민첩한 움직임에 감명받은 거대기업 도레이는 도리어 자신들을 돌아봤다. 또한 무슨 일이든 적당히 만족하지 않고 수없이 테스트하는 유니클로 직원들은 도레이 연구원들에게 요구사항도 많았다. 섬유화학이나 합성섬유 등 각종 섬유 연구에 관련된 지식과 경험들은 자신들이 훨씬 더 많다고 생각했지만, 유니클로 직원들은 자신들이 생각지 못했던 참신한 아이디어들도 많이 보탰다. 유니클로 직원들의 포기를 모르는 도전정신과 적극적인 실험정신이 잠자던 거인 도레이를 깨웠다.

그렇게 탄생한 플리스는 엄청난 성공을 거뒀다. 상품 출시 첫해인 1998년에 유니클로는 50만 장 판매를 목표로 세웠다. 누가 봐도 상당히 도전적인 목표였다. 주변에서는 이제 수도에 진출하는 신생기업인데 목표가 지나치게 무모하다고들 걱정했다. 하지만 그들은 첫해에 놀랍게도 200만 장을 팔았다. 1999년에는 600만 장을 계획했는데, 850만 장을 완판했다. 2000년에는 1,200만 장을 목표로 잡았으나 실제로는 무려 2,600만 장이 팔렸다.

이쯤해서 만족할 유니클로가 아니었다. 야나이 사장은 전 임원들을 데리고 직접 도레이를 방문해 이렇게 부탁했다.

"우리는 이제 시작이며 세계 넘버원이 되기 위해서는 귀사의 기술이 필요하다. 더 친해지고 싶다."

도레이도 화답했다.

"우리는 유니클로를 배워야 한다. 우리가 가진 모든 것을 주어도 될 팀이다. 유니클로는 지금부터 우리 도레이를 연구개발 부서라고 생각해 달라."

과감한 도전정신, 될 때까지 기필코 이뤄내고 말겠다는 '승리에 대한 집념'으로 목표를 훨씬 뛰어넘는 결과를 보여주는 유니클로에 도레이의 경영진은 감동했다. "우리는 유니클로와 같은 팀이다."라는 경영진의 지지 하에 도레이 내부에는 유니클로 전담 개발팀이 생겼고 전용 생산라인까지 가동한 지 오래다.

이처럼 퀀텀 점프를 하고 싶다면 지속성을 잃지 말고 집요한 체질개선과 도전정신을 이어가야 한다. 물을 끓일 때도 데우는 시간 없이 곧바로 끓는점에 도달할 수 없듯이, 대약진은 '지속성'에서 나온다.

똑똑하다는 사람들이 타이밍을 놓치는 경우가 종종 있다. 지속적으로 학습하지 않으면 똑똑하다는 것 역시 착각이다. 직관이나 직감이 뛰어난 사람만이 변화를 미리 감지하고 읽을 수 있는데, 이 직관이나 직감은 평소에 폭넓은 분야를 지속적으로 학습했을 때 가질 수 있는 것들이다.

학습을 게을리하면 직관은 그만큼 빠르게 사라진다.

아무리 열심히 일해도 변화의 속도를 모르면 실력이 있어도 실기失期하고 실기失機한다. 글로벌 기업들이 시장을 급속도로 잠식해가는 상황에서 개인의 이해타산만 따지면 어떻게 될까? 서로 견제하고, 자기 이득만 챙기려고 하고, 남에게 책임을 떠넘기려고만 하니 모든 기회를 놓친다. 일부러 늦게 대응하거나 비협조적인 행위로 동료들의 사기를 꺾고 힘 빠지게 하는 사람들은 과업 방해꾼task heckler이다. 그런 사람들이 판치면 그 조직은 금세 공멸한다.

장사도 마찬가지가 아닌가? 계산기만 두드리고 수지타산만 따지면 어떤 장사든 오래 못한다. 고객, 시장이 무엇을 원하는지를 먼저 다가가 살펴보고 움직여야 한다. 그리고 합심해서 할 수 있는 일이 무엇인지를 먼저 생각해야 한다.

의사결정은 신속하게
그리고 잘 보이게

이것저것 간섭하고 지적은 실컷 하면서도 결론을 내리지 못하는 상사가 있다. 책임지기 싫어서 결정하지 않는 것인데, 이런 상사와는 함께 일하기가 힘들다. 상사뿐만 아니다. 모든 사람이 자신의 의견, 아이디어, 결론을 가지고 회의에 참석하는 문화를 만들어야 한다. 물론 의사결정까지 하는 것은 어렵겠지만, 의사결정에 필요한 모든 정보를 갖췄다면 누구라도 올바르게 결단할 수 있다. 그런데 문제는 현실에서는 항상 정보가 부족하다는 사실이다. 이럴 때는 어떻게 해야 할까?

노키아는 1조 원가량 투자해 스마트폰 운영체제인 심비안Symbian을 자체 개발했다. 그런데 이것이 신통치 않았고, 인텔과 함께 개발한 '미고Meego' 역시 포기했다. 그리고 나중에는 마이크로소프트 사의 윈도폰에 올인하는 것으로 전략을 바꿨다. 하지만 이렇게 우왕좌왕하는 사이에 경쟁자들에게 시장을 모두 빼앗기게 되었고, 결국 모든 기회를 놓쳤다.

이처럼 과거에 큰 성공을 경험한 회사가 갑자기 몰락하는 경우가 있다. 여러 가지 이유가 있겠지만, 트렌드를 읽고 기회를 포착하는 데 실패한 경우가 많다. 그런 경우 대부분은 조직에 긴장감이 없고, 바꿔야할 것과 지켜야 하는 것들을 제대로 구별하지 못했기 때문이다.

이런 조직은 구성원들이 공동의 이득을 위해 개인의 이득을 양보하지 않는다. 개인보다는 팀, 팀보다는 전체, 공익에 대한 책임의식이 없다. 책임보다 권리주장이 앞서고, 학습하고 자기계발하기보다는 이기적인 권리투쟁을 하느라 바쁘다. 갈등의 골이 깊어질 수밖에 없다. 또한 그런 감정소모에 시달리다 보면 일에 대한 감각이 무뎌지고, 새로운 것을 받아들이는 학습감각, 흐름을 읽는 트렌드 감각 등이 급속히 둔해진다.

갈무리 회의가
강한 팀을
만든다

조직에서 일을 나눌 때 산수계산 하듯이 똑같이 나누면 좋겠지만, 거의 대부분의 일은 균등하게 나눠지지 않는다. 업무의 성격이나 난이도, 중요성 그리고 그 일을 맡을 사람의 역량과 업무 스타일 등에 따라서 차이가 날 수밖에 없다. 쉽게 말하면 일 잘하는 사람에게 일이 많이 몰린다는 뜻이다. 아마 직장인이라면 누구나 경험해보았을 것이다.

그런데 이것이 정말 어쩔 수 없는 경우, 일회적으로 그런 것이라면 괜찮지만, 장기적으로 이런 상황이 계속되면 여러 가지 문제가 발생한다. 일 잘하는 사람은 지쳐서 나가떨어지고, 나머지 다른 직원들은 성장할 기회를 놓친다.

지금 많은 조직에서 성과주의나 능력주의를 도입하면서 연공서열 방식이나 호봉제의 폐단을 개선하려고 노력하지만, 아직도 의욕적인 인재들을 제대로 대우해주지 못하고 있다. 실제로 이는 대기업부터 벤처기업까지 다들 안고 있는 문제다. 나 역시 워크숍이나 특강을 진행할 때이 문제에 관해 많은 질문을 받기도 했다. 이런 문제들을 해결하면서 다같이 성장하는 해법을 하나 공유하려고 한다. 바로 '팀 갈무리 제도'다. 이것은 먼저 규모가 작은 팀 단위로 시행해볼 수 있다.

팀 내에서 서로가 서로를 통해 일을 배우면 그만큼 성장도 빠르다. 팀원들이 각자 계획적으로 업무를 추진하고 팀 전체의 협력체계가 좋아지기 때문에 자연스럽게 개개인과 팀 전체의 실적이 개선된다. 그렇게 되면 구성원들은 일과 생활의 조화를 찾을 수 있고, 개인적으로 부족한 부분을 보충할 수 있는 여유가 생긴다. 그 시간을 업무 이외의 창의적인 활동이나 자기계발에 투자할 수도 있다.

그런데 간혹 업무밀도나 생산성이 높아지지 않은 채, 강제로 일찍 퇴근하는 날을 정해 운영하는 조직이 있다. 직원들에게 여유를 주자는 취지가 무색하게 실무자들은 이렇게 말한다. "아무리 그래도 하던 일은 확실히 마무리하고 퇴근해야 하는데, 무책임하게 나 몰라라 하고 퇴근해버리는 일부 직원들 때문에 낭패를 보는 경우도 있다." 혹은 "업무밀도는 그대로인데 근무시간만 줄어드니 오히려 팀 실적이 떨어졌다.", "해야 할 일은 많은데 무조건 시간 되면 퇴근하라니, 집에서 일하란 말로 들린다." 등의 반응이다. 오히려 역효과만 생긴 것이다.

중요한 것은 일찍 퇴근하는 제도가 아니다. 근본적으로 팀정신이 살아 있는 조직을 목표로 해야 팀원들에게 여유가 생긴다. 팀플레이가 잘되는 조직은 하나로 뭉치는 팀정신이 있고, 유기적으로 움직이기 때문에 누군가가 자리를 비워도 원활하게 커버할 수 있다. 그러다 보면 자연스럽게 업무로 인한 강박이나 스트레스가 줄어든다.

앞에서 잠깐 소개한 '팀 갈무리 제도'는 실제로 부서나 팀에서 시도해볼 만한 방법이다. 팀 전체가 서로 도와 일을 같이 마무리하는 방법인데, 퇴근시간 전에 '갈무리 회의'를 여는 것이다. 퇴근시간 1~2시간 전에 팀 전체가 모여 오늘 해야 할 일을 다 마무리했는지, 해야 할 일이 남았다면 어떤 일이 어느 정도 남았는지, 왜 늦어졌는지를 서로 공유한다. 그리고 팀의 리더를 중심으로 누구에게 어떤 도움이 필요한지를 파악하고 서로 도움을 줄 수 있는 부분, 도움을 받으면 쉬워질 수 있는 부분을 함께 논의한다. 이렇게 현재 진행상태와 마무리해야 할 일들을 공유하면, 그 업무들을 가능한 한 빠른 시간 내에 협력해서 마무리하고 같이 퇴근할 수 있다.

한두 사람이 아무리 잘해도 그다음 단계에서 일을 연결해서 처리해야 하는 동료들이 원활하게 하지 못하면 팀의 효율과 성과는 떨어진다. 그런데 이런 갈무리 회의를 시행하면 함께 일하는 동료의 업무를 공유할 수 있고, 각자가 가진 여러 가지 애로사항들도 알게 된다.

그런데 처음에는 '다 같이 일을 끝내고 함께 퇴근하자.'는 취지로 갈무리 회의를 시작했지만, 하다 보면 "내 일도 내가 다 하고 남의 일까지 내가 해줘야 하나?" 하며 불만을 갖는 사람이 꼭 나온다. '내가 맡은 일을 열심히 해서 일찍 끝냈더니 도리어 그것이 손해'라고 느끼는 것이다. 당장은 그런 억울한 마음이 들 수도 있지만, 조금만 더 지속하다 보면 전혀 그렇지 않다는 것을 깨달을 수 있다. 팀의 성과가 올라가는 것은 물론이고, 도움을 받는 사람뿐만 아니라 도움을 주는 사람도 성장하는 모습이 보이기 때문이다. 이것은 스스로 느낄 수 있다. 또한 동료들이 잘하는 부분들을 직접 보면서 일을 배우게 되고, 일 잘하는 사람을 다들 인정해주는 계기가 된다.

혼자만 잘해서는 팀의 성과가 올라가지 않는다. 구성원 각자가 가진 능력을 최대한 발휘하게 만들고, 그것을 최고의 성과로 연결하는 것이 중요하다. 그리고 그 시작은 서로를 제대로 아는 것에서 출발한다. 오늘 한 일과 지금 남은 일, 앞으로 마무리해야 할 일을 공유하다 보면 서로의 능력들이 조금씩 드러난다. 그런 과정에서 동료의 도움을 받다 보면 일을 좀 더 효율적으로 하는 법도 배울 수 있다. 사소하게는 간단한 단축키 사용법부터 까다로운 업무스킬까지, 가까운 동료에게 배우면 더 빨리 익숙해진다. 똑같은 데이터나 정보도 활용하는 방법이 사람마다 다른데, 각자의 방법을 공개하면 여러 사람의 의견들 중에서 가장 좋은 방법을 찾아낼 수 있다. 또한 어떤 정보가 어디에 있는지조차 몰랐던 사람들에게는 그 자체로 굉장히 귀중한 배움의 기회가 된다.

업무 프로세스가 보이면
불평이 사라진다

앞에서 말했듯이, 대체로 일은 잘하는 사람에게 몰릴 수밖에 없다. 입사동기이거나 직급이 같아도 실력 차이는 분명히 존재한다. 똑같은 일도 A는 능숙하지만 B는 쩔쩔맬 수 있다는 말이다. '오늘 할 일을 서로 도와 같이 마무리하자.'는 취지로 갈무리 회의를 하다 보면, 개개인의 업무능력이나 업무량, 숙련도와 성과창출능력이 적나라하게 드러난다. 처음에는 그것 때문에 조금 꺼려질 수도 있다. 하지만 동료들의 실력을 인정하고 나의 강점과 약점을 인정하면 자연스럽게 나의 부족한 부분을 채울 수 있고, 내가 동료의 부족한 부분을 채워줄 수도 있다.

또한 그런 과정에서 내가 이제까지 어떻게 일해왔는지를 좀 더 객관적으로 들여다볼 수 있다. 보직이나 맡은 임무에 따라 일의 난이도와 양이 어떻게 다른지, 동료들이 보이지 않게 얼마나 수고하는지도 알게 된다. 결국 어려움에 처한 동료를 돕는 것은 모두에게 이득이다. 상향평준화가 이루어지기 때문이다.

한 가지 장점이 더 있다. 진짜 일을 잘하는 사람이 있다면, 그가 일을 잘한다는 사실을 동료들이 실제로 보고 느끼면서 인정하는 계기가 된다는 것이다. 그리고 성과에 따라 보상이 달라진다는 현실을 제대로 받아들이게 된다. 의욕적인 직원들은 일 잘하는 사람을 옆에서 지켜보면서 자극도 받고 배워서 더욱 분발한다.

이렇게 업무와 업무 프로세스를 투명하게 공개하면 업무능력 차이에서 오는 병목현상이나 불균형을 해소할 수 있고, 초과업무로 인한 불평불만도 사라진다. 이기주의는 대체로 무관심에서 비롯되는 경우가 많은데, 서로의 일을 잘 알게 되면 협업의식이 생기고 결과적으로 이기주의도 줄어든다.

학창시절에는 나만 열심히 하면 성적도 오르고 칭찬도 받았다. 하지만 사회생활은 그렇지 않다. 그리고 내가 잘하는 것 하나만 잘한다고 되는 것도 아니다. 체력이 좋은 사람은 머리를 잘 쓰는 사람과 협력해야하고, 숫자에 밝은 사람은 감성적인 사람과 협업해야 하는 시대다. 그리고 그런 팀플레이의 과정에서 기쁨과 동지애를 느끼면 힘든 일도 쉬워진다.

공유와
협업이

보이게
하라

5

조직의 가장 무서운 병은 내부분열병이다. 보이게 일하는 문화가 구축되면 불필요한 갈등이나 소모적인 감정싸움도 사라진다. 조직의 성패는 타사와의 경쟁에서 이기고 지는 게 아니라 내부의 협업에 성공하느냐 실패하느냐에 달렸다. 다양하고 역동적인 협업으로 혁신적인 결과를 만들어본 조직 혹은 사람은 어마어마한 힘을 갖는다.

조직의
가장 무서운 병은
내부분열병

　큰 조직일수록 한번 병이 나면 크게 난다. 그중에서도 가장 무서운 병이 바로 내부분열병이다. 서로 긴밀하게 협력해도 부족할 판에 다른 팀을 혹은 옆자리 동료를 견제하느라 일이 진척되지 않는 경우가 대표적인 증상이다. 심지어 편을 가르거나 이간질을 하면서 방해하는 경우도 있다. 조직을 위해 이타적으로 자신을 희생해온 사람들은 맥이 빠지고 분노가 치민다.

　'선의의 경쟁과 협업'은 모든 조직이 풀어야 할 아주 중대한 숙제다. 시장에서 경쟁이 없을 수는 없다. 생존하고 성장하려면 경쟁력을 타사보다 높게 끌어올려야 한다. 그리고 조직 내부에서도 조직의 경쟁력을 높인 사람에게 보상해야 한다. 이런 부분의 평가와 보상이 투명해져야 구성원들은 경쟁력을 높이려는 노력을 하게 된다.

그런데 경쟁력이 높아지려면 먼저 협업능력을 키워야 한다. 협업이 안 되는 이유는 단순하다. 공정한 룰은 안 보이고 윗사람의 취향에 따라 혹은 줄 세우기 식으로 권한이나 보상에서 차별이나 격차가 생기면서 팀 간, 동료 간에 갈등이 생기는 것이다. 말하자면 공정하고 투명한 룰을 적용시킨 선의의 경쟁이 아니라 사일로silo식 경쟁을 하는 것이다. 그러니 서로 적대시하고 미워한다.

진정한 경쟁은 서로 시기하고 이간질하고, 비난하고, 짓밟는 경쟁이 아니다. 동료가 성공할 수 있게 아이디어를 주고, 내가 필요할 때는 아이디어를 요청하고, 서로 경청하고 격려해주는 분위기가 조성되어야 한다. 좋은 경쟁은, 팀과 조직에 누가 더 공헌했느냐, 성과창출을 개선하는 데 누가 더 주도적으로 움직였느냐 하는 공헌도의 경쟁이다.

이러한 선의의 경쟁이 이루어지지 않는 이유는, 서로에 대한 무관심과 무지 때문인 경우가 많다. 동료의 일을 알려고 하지 않으니 알 수 없고, 알 수 없으니 이해하지 않는다. 이는 매우 위험한 결과를 낳는다. 자신의 업무영역만 고집하게 되니 감각도 떨어지고 인지능력도 무뎌진다. 창의적이거나 획기적인 해법도 기대하기 어렵다. 아무리 좋은 인프라를 갖추고 최고의 인재를 모아도 이렇게 각자 모래알처럼 따로따로 움직이는 조직은 오래가지 못하고 무너진다. 개인도 발전할 수 없다.

요즘 일부 선진 기업들은 구성원의 일정계획표와 그에 따른 실행결과를 사내망에 기록으로 남긴다. 때문에 그런 것들이 평가와 보상에 그대로 반영된다. 심지어 아이디어 회의 때 누가 어떤 아이디어를 냈는지도 공유된다. 이렇게 디테일한 부분들까지 다 보이게 하는 것이 추세다. 누가 무슨 일을 어떻게 했고, 누구와 어떤 일을 가지고 협업했으며, 절차와 진행내용들까지 그대로 드러난다. 어떤 수준으로 일하는지까지 자연스럽게 드러나 모두의 눈에 공정하게 보여진다. 회의 때 어떤 발언을 했고, 어떤 아이디어를 냈으며, 누구에게 어떤 내용으로 협조했고, 어떤 혁신을 주도했는지, 업무개선과 성과창출에 어떤 역할을 했으며, 어떤 결과들을 냈는지, 특정 기간과 담당자로 검색하면 누구든 쉽게 찾아볼 수 있다. 이렇게 보이게 일하는 문화가 구축되면 불필요한 갈등이나 소모적인 감정싸움도 조금씩 사라진다.

하나로 뭉친 조직만
생존한다

흔히 '이제는 메이드 위드 월드Made with world 시대'라고 말한다. 전 세계에 있는 자원을 발굴하고 연결시켜야만 비즈니스가 된다는 뜻이다. 애플이나 유니클로의 성공을 보면서 우리가 기억해야 할 것이기도 하다. 예를 들어 애플의 아이폰은 폭스콘이 생산하고, 유니클로 역시 자신들의 공장이 없다. 기존의 제조업체들은 상상도 못했던 일이다. 이렇게 그들은 가용할 수 있는 모든 외부자원을 활용해 막대한 가치를 창출해냈다. 이미 시장을 선도하는 승자들은, 전 세계의 자원, 설비, 기술, 재능, 정보를 이용해 고객이 갖고 싶어 하는 품질 좋은 상품을 만들고, 그 어떤 곳보다 빠르고, 저렴하게, 대량으로 판매한다는 전략을 쓰고 있다.

유니클로는 '비즈니스 혁신의 핵심은 협업'임을 보여준 좋은 사례다. 그들은 일하는 방식을 혁신해 내부는 물론 외부와의 장벽도 걷어냈다. 밖에 있는 파트너들과 긴밀하게 협업해 품질을 최고로 끌어올렸고, 공장을 소유하지 않고도 가장 빠른 생산능력과 공급능력을 갖췄다. 타사와 협업해서 연구개발을 하고 첨단소재를 확보하기도 했다. 성장의 추진력을 만든 히트상품들은 외부의 전문가, 파트너들과 협업한 결과로 탄생한 경우가 많았다. 이것이 바로 콜라보레이션 효과collaboration effect다.

사람도 마찬가지다. 일에 대해 입체적으로 사고하는 사람은 자신이 쓸 수 있는 모든 자원을 가지고 어떤 가치를 창출할 것인지 고민한다. 이런 사람들은 대체로 인맥과 업맥業脈이 좋아서 남들의 협조도 잘 끌어내고 동료들을 참여시켜 어려운 일도 잘 풀어낸다. 많은 사람들의 도움을 받으니 시행착오도 줄어들고 일의 완성도도 더 높아질 수밖에 없다.

먼저 회사와 사람들을 잘 알고 친해져야 한다. 어떤 목적을 갖고 접근하기보다는 순수하게 사람을 좋아해야 협업도 가능해지고 고급정보를 서로 교환할 수 있다. 협업이 안 되면 아무리 스펙이 좋고 학벌이 좋아도 조직생활에서는 금방 한계에 부딪친다. 팀플레이를 해야만 낭비가 줄어들고 예상치 못한 위험과 난관들도 쉽게 해결할 수 있기 때문이다. 그리고 주변에 열린 생각을 갖고 의욕적으로 도전하기를 좋아하는 임원, 간부, 관리자, 실무자들과 소통하다 보면, 자연스럽게 후원자그룹이 만들어진다.

평평한 세상에서는
적도 친구다

오픈 이노베이션에 대한 공감과 요구가 확산되고 있다. 첨단기술도 한 회사가 오래 독점할 수 없는 시대이고, 상품 사이클이 워낙 짧아진 데다 경쟁도 치열하다 보니 이제는 과거에 돈독했던 관계라고 해도 계속 거래를 지속할 수가 없다. 대기업들도 공개적으로 "같은 계열사라도 기술이 없으면 거래를 지속할 수 없다."고 말할 정도다. 핸드폰이든 자동차든, 세계에서 기술력이 가장 좋은 업체를 찾아서 같이 일하자고 손을 내민다. 특히 경쟁이 치열한 업계일수록 강자들끼리 모여 부가가치를 만들어내고 시장을 창출해 선점한다. 이것이 매우 중요한 전략이기 때문이다. 각 분야에서 강점을 가진 기업들이 연계하여 미래를 만들어내는 셈이다.

구글은 자신들이 만든 플랫폼에 누구든지 들어와 돈을 벌 수 있도록 개방하고 있다. 그들은 전 세계 기업들이 국경과 규모에 관계없이 초경쟁 상황에 놓이는 '평평한 세상'이 실현된다고 보고 있다. 그래서 어떤 기업이든 경쟁력과 기술력이 있다면 협업하겠다는 자세다. 협업이야말로 가장 쉽게 세상을 혁신할 수 있는 방법이기 때문이다.

예를 들어 구글은 스마트카를 실현하기 위해 스마트카 플랫폼인 안드로이드 오토를 만들어, 아우디, 벤츠, 도요타, 폭스바겐, GM, 현대 등 전 세계 35개사와 협력하고 있다. 또한 모바일 결제에 관해서는 비자, 마스터 등의 카드사는 물론이고, 월마트, 아마존, 맥도날드, 스타벅스와도 협업하겠다는 자세다. 스마트워치를 만들 때는 스위스 시계업체인 태그호이어와 협업했고, 콘텐츠 사업은 미국 최대 유료방송 채널인 HBO와 협력했다.

한편 '삼성에게 구글은 프래너미frenemy'라는 말이 있다. 프래너미는 프렌드friend와 에너미enemy를 합친 말이다. 스마트폰 시장에서 자신들의 영역을 확보하기 위해 혈맹처럼 뭉쳤지만, 스마트폰 결제에 대해서는 서로 다른 길을 간다. 생존을 위해 때로는 동지가 되기도 하고, 때로는 적이 되기도 한다.

이제는 특정 분야만이라도 최고가 되어야 살아남을 수 있다. 하지만 아무리 독자적인 기술을 가졌다 해도 혼자서 살아남으려고 해서는 안 된다. 새로운 시장을 개척하거나 선점하기 위해서는 언제든지 다른 분야의 강자들과 협력해야 하기 때문이다. 경계를 허물고 세상의 모든 자원을 활용하는 능력이야말로 시대적인 요구다. 넓은 시야를 가지고 자원을 총동원하는 것, 이것이 바로 열린 혁신, 즉 오픈 이노베이션의 모델이다. 혼자 하는 혁신이 아니라 전문화되고 세분화된 최고의 것들을 촘촘하게 엮어서 함께 이루어내는 혁신이다. 경쟁사와도 언제든지 협업할 수 있는 분위기, 그런 문화에 익숙해져야 한다.

조직 내부에서 일을 할 때도 마찬가지다. 월트디즈니는 임원을 평가할 때, 70%는 해당 사업부의 성과를 바탕으로 하고, 나머지 30%는 다른 사업부와의 협업을 통해 창출한 성과를 기준으로 삼는다. 부처 간 협업을 유도하기 위한 평가방식이다. 유니클로의 야나이 다다시 회장 역시 이렇게 말했다. "조직의 성패는 경쟁에서 이기고 지는 게 아니라 협업에 성공하느냐 실패하느냐에 달렸다."

경계를 초월해 지식정보를 공유하고, 다양하고 역동적인 협업으로 혁신적인 결과를 만들어본 조직 혹은 사람은 어마어마한 힘을 갖게 된다. 함께 무언가를 이루어냈을 때 느끼는 성취감과 쾌감, 일의 즐거움은 그 무엇과도 견줄 수가 없다.

함께해야만
얻을 수 있는
'땅콩버터 효과'

조직의 문제는 항상 불통에서 비롯된다. 내 역할만 잘하면 된다고 생각하면 오산이다. 소통이 안 되면 위기가 닥쳤을 때 폭삭 무너져버린다. 위기 때는 내가 맡은 일 이상을 해야 해법이 보이는데, 자기 일만 잘하는 사람들이 모여 있는 조직은 이럴 때 힘을 쓰지 못한다.

협업이 안 되는 이유가 뭘까? 다들 '내 역할만 다하면 된다.'고 생각하기 때문이다. 일이라는 게, 내 일도 아니고 그 사람 일도 아닌 애매한 일들이 상당히 많다. 누군가는 그런 일들을 해줘야 하는데, 소통하지 않으면 그런 일이 있는지조차 아무도 모르고, 아무도 모르니 아무도 안 한다. 내 역할에 맞는 부품을 만들었다고 끝이 아니다. 한곳에 모으고 제자리에 끼워 맞춰야 하는 일을 누군가는 담당해야 한다. 또한 어떤 이유로 누군가가 늦어지거나 자리에 없다면 어떻게 할 것인가? 정상적으로 팀이 돌아가려면 누군가는 자기 업무영역을 넘어서 그것을 대신 해줘야 한다. 그래서 진짜 승패는 위기 때 갈린다. 유사시에도 문제없이 팀플레이가 이루어지는 곳이 결국 이길 수밖에 없다.

지난 2013년, 야후의 마리사 메이어 CEO는 재택근무를 전면 금지시켰다. 협업을 강화하고 업무처리 속도와 완결성을 높이기 위한 조치였다. 한 인터뷰에서 메이어는 "유연근무제가 업무를 지연시키는 요인이 되고 있다."고 지적하며, 서로 다른 환경에서 교육받아온 사람들이 모여 새롭고 멋진 무언가를 만들어내는 이른바 '땅콩버터 효과'를 만들어내려면 사람들이 함께 모여 있어야만 한다고 강조했다. 재택근무가 일반화된 실리콘밸리의 조직 문화에 역행하는 결정이라는 반발도 많았지만, 이후 베스트바이도 재택근무를 금지시켰다.

주어진 일을 처리할 때는 혼자 집중해서 하면 더 효율적일 수 있다. 하지만 창의적인 작업은 그렇지 않다. 각자가 가진 지식과 정보를 공유해야 더 큰 부가가치가 만들어지고, 소통이 빨라야 변화의 속도에 따라갈 수 있다. 특히 구성원들끼리 회의실뿐만 아니라 다양한 장소에서 자연스럽게 소통하면 더 나은 결과로 이어진다. 자연스러운 자리에서 즉흥적으로 이야기를 나누는 와중에 좋은 아이디어가 더 많이 나오기 때문이다. 특히 복도, 탕비실, 휴게실, 식당 등에서는 생각과 능력, 가지고 있는 데이터가 다른 동료들이 모여 이야기를 나눌 수 있는 기회가 많은데, 이런 곳에서 내가 생각하지 못한 최고의 해법과 영감을 얻기도 한다.

지식근로자는 혼자 일해서는 안 된다. '나는 지식근로자'라는 말은 '내 주변에 나보다 뛰어난 전문가들이 가득하다.'는 말과 같다. 제아무리 뛰어난 전문가일지라도 혼자 궁리하는 데는 한계가 있다. 한계를 뛰어넘는 새로운 해답들은 각 분야의 전문가들이 머리를 맞대고 힘을 모았을 때 나왔다.

도요타의
공간 혁신

다른 예로, 도요타는 2013년 1,000평 이상 되는 공간에서 500명의 엔지니어들이 같이 일할 수 있도록 '일하는 공간'을 혁신했다. 일하는 공간을 혁신해 일하는 방식까지 혁신한 사례다. 도요타는 수차례의 리콜 사태를 겪고 신차 개발 프로젝트에서 이런저런 문제를 경험하면서 변화가 절실하다고 판단했다. 문제해결에 필요한 의사결정의 속도가 너무 느리고, 신차 개발 속도 역시 시장의 요구를 따라가지 못한다고 판단한 것이다. 그 문제를 해결하기 위한 방안으로 도요타는 일하는 공간을 혁신해 처음부터 개발, 설계 담당자와 생산 기술자가 같이 일하도록 했다. 열린 공간에서 누구와도 쉽게 대화를 나누게 되자 다양한 파트의 담당자들이 자연스럽게 소통하게 되었고 개발 속도가 빨라지는 것은 물론이고 새로운 기술도 활발하게 나오게 되었다.

사실 도요타가 일하는 공간을 혁신한 데는, 과거 1997년 세계 최초의 하이브리드hybrid 차 프리우스를 개발할 당시에 큰 효과를 얻은 경험 때문이다. 프리우스를 개발할 당시 기계 부문과 전기 부문 기술자들이 같은 층에서 협업을 하면서 상당히 유의미하고 긍정적인 효과를 거두었다고 한다. 물론 그 당시에도 칸막이 없이 탁 트인 공간에서 일하는 것에 대해 처음부터 모두가 찬성한 것은 아니었다. 새로운 흐름에는 당연히 저항이 있게 마련이다. 이를 불편해하는 직원들 중에는 '나는 개발자, 너는 생산자' 혹은 '나는 생산자, 너는 영업자' 식의 사고방식을 가진 사람이 많았다.

공간 혁신으로 자연스럽게 다른 부서, 다른 팀, 다른 경험자들과 같이 일하게 되자, 제일 먼저 긍정적인 효과를 본 것은 개개인의 성장이었다. 직원들은 다양한 사람들과 함께 일하면서 '이런 세계가 있었구나. 이렇게 하는 사람도 있구나. 이런 기술, 이런 방법들이 있구나. 이런 능력자가 있었구나.' 하고 깨달았다. 시야가 넓어지자 사고의 폭과 깊이도 달라졌다.

당시 혁신을 추진했던 한 간부는 이렇게 밝혔다.

"도요타라는 거대한 조직 내에서 '나는 나, 너는 너'라는 식의 부서 이기주의, 개인주의적인 사고부터 타파해야 했다. 그것을 극복하지 못하면 조직은 서서히 죽어가기 때문이다."

그의 말처럼 도요타는 더 적극적으로 혁신해야 할 필요성을 절감했다. 많은 조직이 과거의 성공이나 영광에 취해 쉽게 안주의 관성에 빠지

곤 한다. 그렇게 되면 혁신과 문제해결에 실패하고, 매출은 정체하고, 수익성은 떨어지는 악순환으로 접어든다. 그 고리를 끊어야 한다. 도요타는 과거 거대 기업들의 몰락의 방아쇠였던 폐쇄적인 문화에서 비롯된 늑장대응과 대응미숙이라는 최악의 사건들을 생각했다.

도요타는 1,000평 이상의 탁 트인 공간을 이렇게 나누었다. 가장 큰 곳은 업무 구역이고, 그 외에 아이디어 회의와 토론 구역, 기획안 검토 구역, 집중사고와 몰입 구역을 주변에 따로 두었다. 공간 혁신의 주안점은 속도와 창의성에 중점을 두었다. 의사결정, 업무처리, 개발 진행의 속도를 높이고, 많은 사람들의 다양한 의견을 모아 창의적으로 문제를 해결하고자 한 것이다.

또한 책상과 같은 개인 업무 공간의 배치도 일의 효율성과 임직원들 간의 소통력을 높이는 데 집중했다. 개인의 자리는 총 근무인원의 70% 정도의 숫자만큼만 있다. 평소에 출장 등으로 자리를 비우는 사람이 많아 100% 자리를 만들어놓는 것은 비효율적이라는 판단 때문이다. 일을 꼭 내 자리에서만 하는 게 아니다. 카페처럼 꾸며진 곳에서도 하고, 자리가 없으면 개방형 회의실에서도 한다. 어쨌든 불필요하게 낭비되는 죽은 공간은 줄이고, 나머지 공간을 더 넓고 여유롭게 그리고 효율적으로 활용하기 위해서다. 직원들은 회사용 휴대폰, 노트북만 가지고 다니면서 자유롭게 업무를 볼 수 있다.

중앙에는 의사결정 공간이 위치해 의사결정권자인 간부들이 가운데를 보고 원형으로 자리를 잡고 있으며, 언제든지 간부들이 고개를 들고 서로 얼굴을 보면서 그 자리에서 빠르게 결론을 내릴 수 있다. 그 상태에서 의자를 180도 돌리면 개별 상담이나 소수의 인원이 모여 의논할 수 있는 구조다. 개방형이기 때문에 누가 누구와 회의를 하고 있는지 한눈에 들어온다.

주변에는 커피나 차를 마실 수 있는 카페 분위기의 공간이 있고, 부품이나 모형을 들고 와서 토론할 수 있는 튼실한 테이블도 놓여 있다. 혼자서 몰입할 수 있는 공간, 개방형 CAD 검토실, 서서 신속하게 회의할 수 있는 각종 설비가 갖춰진 미니 룸도 있다.

도요타는 동일본 대지진과 대량 리콜 사태 같은 위기에 대응하고 2012년에 다시 세계 1위 자리를 탈환하는 과정에서 이러한 개방적인 공간의 도움을 많이 받았다. 또한 2015년 1리터로 40Km(일본 기준)를 달리는 세계 최고 연비의 4세대 프리우스도 이런 환경에서 나왔다.

"선진기술을 열심히 따라갈 때는 몰라도 시장을 선점할 선행기술에 도전하는 입장에서는 유연한 조직 편제가 절대적으로 필요하다."

이것이 도요타의 생각이다.

첨단설비나 최고의 인재들이 이미 충분해도 그것을 어떻게 활용해서 성과를 낼지 모르면 무용지물이다. 활용하지 않으면 설비는 녹슬고 인재는 안주한다. 이러한 문제의식을 갖고 내외부의 자원을 서로 자연스럽게 교차시키고 융합해야 한다.

초창기에 갑작스러운 성공을 거뒀지만 얼마 못 가서 무너진 기업들의 공통점은, 각자가 보이지 않게 성을 쌓고 일했다는 점이다. 큰 성공을 거두는 과정에서 권위주의와 부서 이기주의가 판을 치게 되고, 자연스럽게 구성원들의 의식과 행동도 바뀐 것이다. 이기적인 경쟁과 염세주의, 사일로식 질투는 물론이고 피해망상이나 자격지심, 권태와 피로까지 가중되어 서로를 무너뜨리기도 한다.

팀워크가 무너지면 다들 책임 떠넘기기에 바쁘고, 뒤에서 남을 흉보면서 이기적으로 움직이니 다들 마치 용병 같다. 이런 분위기 속에서는 아무리 뛰어난 사람도 개인의 우수한 역량이 갈등에 소진되어버린다.

지엽적인 사고에 빠져 있거나 자기 업무영역만 고집해서는 큰 문제를 풀 수 없다. 전사적인 문제나 조직 전체가 풀어야 할 중대한 숙제들에 대한 해결책은 융합과 협업으로 풀 수밖에 없다. 특히 다수의 사람들이 모여 성과를 내야 하는 큰 조직일수록 더욱 그렇다. 하던 방식대로 하면 신성장동력을 발굴하거나 새로운 고객을 창출할 수 없다는 이야기다.

벽을 넘어야
보이는 것들

세상이 더 촘촘하고 치밀하게 그리고 실시간으로 연결되면서, 우리 주변에는 빅데이터가 넘쳐나게 되었다. 국가, 지역, 산업, 분야, 사람

간의 장벽은 낮아지고, 누구에게나 열렸다. 넘치는 산물이나 부산물 중에서 새로운 자원을 발굴하고, 연결하고, 결합하고, 융합하면서 새로운 가치를 창출해내는 일들이 중요해졌다. 사람과 사람은 물론이고, 사람과 기계, 시설, 자원, 경험, 기술까지 모두 자유롭게 연결할 수 있다. 사람들은 그렇게 기회를 만든다. 그래서 열린 생각을 가지고 연결하고 융합하면서 통通하는 인재가 더더욱 중요한 시대다.

조직에서 이루어지는 다양한 프로젝트들이 처음 기획할 때와 다르게 성공하지 못하는 경우가 있다. 그 이유 역시 대부분 각자 높이 쌓고 있는 벽을 넘지 못해서다. 학문의 영역에서도 스스로 '내 분야'라는 울타리를 낮추고 열린 마음으로 다른 분야와 활발하게 교류하는 학자들이 새로운 길을 개척한다. 인류가 직면한 큰 숙제들도 그런 식으로 풀어왔다. 기업이나 조직이 해결해야 할 문제들도 여러 분야의 전문가나 서로 다른 부서가 긴밀하게 협업해서 풀어야 한다. 그렇게 해야만 제대로 풀린다. 이미 우리 주변에 많은 전문가들이 있다는 사실을 잊지 말아야 한다.

일터는 일을 통해
서로 배우고
성장하는 공간

신입사원 시절에는 누구나 경험이 부족하고 서툴다. 일을 배워야 하는 이런 시기에 실력 있는 선배나 동료와 일을 같이 해보면 귀중한 학습의 기회를 얻을 수 있다. 고기도 먹어본 놈이 더 잘 먹고 일도 해본 놈이 더 잘한다고, 작은 것이라도 성과를 만들어본 경험을 쌓다 보면 일욕심도 커지고 전체적으로 상향평준화로 이어진다.

한 개인의 강점이 한 사람에게만 머무르는 조직이 있고, 조직 전체로 빠르게 퍼지는 조직이 있다. 전자의 경우는 아무리 유능한 사람이 많아져도 조직의 역량이 나아지지 않는다. 하지만 후자처럼 잦은 접촉을 통해 소소한 능력부터 공유되면 조직 전체의 힘이 커지고 자원투입의 효과도 배가 된다.

학력이나 경력, 나이가 같아도 사람은 저마다 능력이 다 다르다. 강점과 약점이 다르고, 좋아하는 것과 싫어하는 것도 다르다. 남들보다 아주 뛰어난 강점이 있음에도 불구하고 조직에서 빛을 발하지 못하는 경우도 많다. 반대로 정말 취약한 부분인데도 그 일을 해야만 하는 경우도 있다. 이것은 조직 문화나 분위기에 따라 다르다. 열린 조직에서는 흩어져 있는 각자의 능력들이 서로 공유되고 가장 적합한 곳에 쓰인다. 폐쇄적인 조직은 여러 능력들이 흩어진 채 사라져버린다.

나만의 기술, 내 비장의 카드, 나만의 전략이라는 생각으로 노하우나 스킬을 혼자 움켜쥐고 있으면 조직 전체가 위험해진다. 반대로 '이렇게 했더니 이렇게 달라졌다.', '이렇게 했더니 이렇게 성공했다.' 하는 식으로 공유가 잘되는 조직이 새로운 발전을 낳을 수 있다.

조직을 앞으로 밀고
나가는 힘

개인 간, 부서 간 정보 교환과 정보 공유가 잘 이루어지면 일의 수준이 높아지고 결과물이 좋아진다. 자연스럽게 친밀감과 신뢰도가 높아지니 한배에 탔다는 의식도 생긴다. 그런데 현실에서는 그러기가 쉽지 않다. 항상 불협화음이 생기고 별것 아닌 일로 대립하고 틀어지기 일쑤다. '하나로 똘똘 뭉치자.'는 구호는 이제 사라져버렸고, '단합'을 이야기하면 옛날 사람 취급을 한다.

하지만 현장에서 일하는 사람들은 잘 안다. 서로 간의 결속력만 좋아져도 매우 많은 문제들이 해결된다는 것을. 실제로 문제를 겪는 사람들이기에 그 점을 제일 잘 안다. 전체를 보지 않고 자기 입장만 고집하는 사람이 많아지면 조직은 앞으로 밀고 나가는 힘이 사라진다.

그래서 리더의 조율이 중요하다. 균형감을 갖고 전체를 보면서 구성원들을 설득하고 문제를 풀어내야 하는 사람이 바로 리더다. 조직이 커질수록 리더의 역할이 중요해질 수밖에 없는데, 만약 리더가 소통을 유도하지 않고 각자의 이해관계를 조율하지 않으면 팀은 존재할 이유가 없다.

조직의 실적은 '유기적 협업능력'에 달렸다. 그래서 조직 내에 보이지 않는 장벽이 많으면 좋은 성과를 낼 수 없다. 그런데 이 '보이지 않는 장벽'은 리더가 이기적일 때, 능동적으로 소통하려는 의지가 부족하고, 구성원에게 다가가지 않을 때, 성과에 대한 평가와 보상을 공정하게 하지 않을 때 주로 생긴다.

문만 열어놓았을 뿐인데…,
많은 것이 바뀌었다

요즘은 많은 회사들이 대부분의 결재를 온라인으로 처리한다. 그런데 여기에는 한 가지 조건이 선행되어야 한다. 바로 소통이 잘되는 조직이어야 한다는 점이다. 업무소통의 기본인 연락, 상담, 보고 중 '연락과 상담'을 생활화해서 '도어오픈Door Open 문화'가 잘 자리 잡은 조직이어야 온라인 결재로도 문제없이 돌아간다. 이는 그 일을 맡은 사람이 자신의 업무에 대해 스스로 판단하고 결정하고 책임진다는 의식을 가져야만 가능한 일이다.

자신의 업무에 주도권을 가지면 올바른 결정을 내리기 위해 평소에도 상하좌우로 자주 물어보고 확인하고 상담한다. 그렇게 연락과 상담이 활발해지면 다른 부서의 협조도 쉽게 구할 수 있고, 동료들도 관심을 가지고 적극적으로 참여한다. 지켜보는 눈이 많으면 문제가 발생해도 초기에 발견하고 빨리 해결할 수 있다.

미리 많은 사람들에게 물어보고 의견을 구하면 좋은 아이디어와 경험담을 많이 들을 수 있다. 그러한 귀중한 정보를 바탕으로 최상의 판단을 내리게 되면 당연히 시행착오나 오류가 줄어든다. 상사들의 의중과 생각, 노하우까지 얻을 수 있다면 더할 나위 없을 것이다.

윗사람 역시 팀원에게 먼저 다가가 진행에 어려움은 없는지 물어보고 적극적으로 상담해준다면 그 자체로 구성원들의 마음을 하나로 모이게 할 수 있다. 이런 팀은 어떤 일을 해도 모두가 일체감 있게 움직이고, 하나로 뭉쳐 힘을 발휘한다. 또한 이렇게 도어오픈 문화가 정착되고 상담형 소통이 활발해지면 불필요한 결재와 대면보고를 줄일 수 있다. 실무자들이 사전에 적극적으로 보고하고 공유한 데다, 상사들이 능동적으로 현장과 소통했기 때문에 이미 상시적으로 현황과 고민, 의견을 주고

받은 상태다. 어떤 방향으로 어떤 결정이 내려지고, 어떤 결재사항이 올라올지 상사는 이미 알고 있다. 그러니 서류를 결재하는 데 1분도 안 걸린다.

생산성이 낮은 곳에서는 아직까지도 대면보고가 상당히 많은 시간을 잡아먹고 있다. 팀플레이를 해야 하는 조직에서는 얼굴을 맞대고 소통하고 의견을 나누는 것 자체가 상당히 중요한 일이다. 하지만 비효율적이라는 것이 문제다. 위계질서라는 미명으로 필요 이상으로 복잡한 절차를 만들고 결재단계를 늘렸기 때문이다. 한두 계층의 의사결정권자가 결재를 한 후 사내망을 통해 동시에 공유하면 되는데, 실무자들은 이 사람 저 사람 찾아다니며 일일이 결재 칸에 사인을 받느라 시간과 에너지를 허비한다. 소모적인 관행인 줄 알아도 쉽게 고쳐지지 않는다. 대면보고를 하는 날이 정해져 있고, 심지어 몇 시간씩 순서를 기다려야 하는 경우도 있다. 정해진 시간도 없어서 기다리는 동안 다른 일을 할 수도 없다. 그러다 보면 직원들은 사장이나 경영진 눈치를 보고 기분을 맞추느라 진짜 해야 할 일을 못한다.

공유와

보안 사이에 낀

정보윤리

투명사회가 되어가면서 사람들은 실시간 소통을 즐기고, 기업과 소비자도 그렇게 소통한다. 특히 SNS 등을 통해서 모든 것이 빠르게 확산되는 시대이다 보니 그에 따른 부작용도 많다. 조직 내부의 문제가 SNS로 순식간에 퍼져나가는 경우도 있고, 알아내려고 마음만 먹으면 손쉽게 기업 내부의 속사정을 들여다볼 수도 있다. 회사에서 있었던 일을 무심코 트위터에 올렸다가 일파만파 퍼져서 회사에 큰 손해를 끼쳤다는 사례도 종종 들린다. 그래서 요즘은 많은 기업들이 'SNS 사용 가이드라인'을 만들어 직원들과 공유하고 정보윤리에 대한 경각심을 일깨우기도 한다.

사소하게는 트위터에 회사 얘기를 올리는 것부터, 개발부서의 연구원이 회사의 기밀을 외국기업에 팔아먹는 일까지 '정보윤리'에 관한 이슈는 비일비재하다. 경쟁사 연구원에게 몇 배의 연봉을 제시하며 인재를 빼어간 회사, 회사의 기밀정보를 빼돌려 대가를 받아 챙긴 직원의 뉴스도 심심치 않게 들린다. 이렇게 기술과 인력이 경쟁업체나 해외로 유출되는 사례는 예나 지금이나 기업에 심각한 문제가 되고 있다.

'정보윤리'는 광의로 해석하면 정보의 생성, 유통, 사용까지 모든 과정을 포괄하고, 좁은 의미로 해석하면 정보를 배포하고 전달하는 과정에 관계된 윤리의식을 뜻한다. 기업에서 구성원들이 만들어내는 모든 결과물이 정보다. 문제는 조직 내부의 정보를 부당하게 사용하거나 그것을 가지고 사적인 이득을 취하는 것이다. 앞에서도 말했지만, 이런 일은 생각보다 빈번하게 일어난다. 업무상 알게 된 기밀을 발설하거나 다른 회사에 돈을 받고 제공하는 등 비리를 저지르는 것이다.

이런 사람은 함께 일하는 동료들을 부끄럽게 만든다. 뿐만 아니라 조직 전체의 사기를 꺾고 선후배들의 헌신적인 노력들까지 무용지물로 만들어버린다. 공공기관이든 사기업이든 모두 범죄다. 물론 모든 조직이 비밀 정보기관은 아니지만, 일을 하면서 얻은 정보는 업무현장을 벗어나는 순간부터 봉인해야 할 것들이 많다. 정보윤리의 관점에서 회사가 대외적으로 공식발표를 하지 않은 정보들은 반드시 지켜져야 한다. 이것은 기본 중의 기본인데도 지켜지지 않는 경우가 있다.

우리가 일을 할 때 자연스럽게 주고받는 정보의 전제조건은, '회사의 공식발표가 나가지 않은 이상 누구도 외부에 발설하지 않는다.'다. 이것은 누가 번번이 말해주지 않아도 구성원이라면 누구나 지켜야 할 기본적인 직업윤리다. 기본적인 정보보호나 정보책임에 대한 가치관이 없으면, 조직 전체가 불이익을 받고 피해를 입는다. 개인적으로도 범법자가 될 수 있다.

요즘은 과거에 비해 훨씬 많은 양의 정보가 공유되고 있다. 질적으로도 엄청나게 다양해졌다. 실제로 과거에는 기밀로 지켜졌어야 할 자사의 핵심기술이나 연구개발 실적들까지 외부 협력업체와 공유해야 하는 일도 빈번하다. 이 책에서 누누이 강조했듯이 조직 내외부의 장벽을 없애야만 살아남을 수 있는 시대이기 때문이다. 그러니 정보공개가 활발해질수록 자율적인 보안의식와 도덕성을 더욱 철저하게 단속하고 챙겨야 한다.

어느 대기업의 임원이 나에게 이렇게 말한 적이 있다.

"M&A나 신상품 출시, 기타 인사정보 등을 제외하고는 모든 임직원들에게 정보를 공개하고 공유하지만 유출 사고가 거의 없다는 점에 자긍심을 가지고 있다. 임직원들이 서로 신뢰하고, 신뢰를 중시하는 기업문화를 존중하기 때문이다."

그만큼 정보윤리는 조직 내부의 모든 신뢰관계를 대변한다. 그리고 개개인의 책임감을 측정하는 척도라고 볼 수도 있다.

모든 것의 기본은
엄격한 윤리의식

'기무機務'라는 말은 '밖으로 드러나지 않게 비밀을 지켜야 할 중요한 일'이라는 뜻이다. '정보윤리'는 거대한 탑의 가장 아랫부분을 받치는 돌과 같아서 하나만 빠져도 나머지가 모두 무너져버릴 수 있는 파괴력을 가졌다. 사소해 보이지만 사소하지 않은 것이다.

내부에서 결정이 나지 않는 사안들은 절대 밖으로 나가면 안 된다. 결정이 나지 않았다는 것은, 부서 간 혹은 계층 간에 이견이나 갈등이 있고, 아직 충분한 토론이 이뤄지지 않은 상태이며, 최적점을 찾는 과정이 남아 있어서 최상의 결론이 내려지지 않았다는 것을 의미한다. 그런데 그러한 회사 내부의 사안이 그대로 바깥에 유출되면 시장에서의 신뢰도와 이미지가 추락하고 내부 구성원들 사이에 불신이 커진다. 누구에게도 이롭지 않은 아주 나쁜 결과다.

조직의 승패는 축적된 경험과 노하우, 지식정보, 데이터, 제도와 시스템, 다양한 자원들을 공유하는 능력, 그리고 그것을 지키는 구성원들의 윤리의식에 달려 있다. 유형자산은 물론이고 무형의 자산들도 밖으로 유출돼서는 안 된다. 구글의 라즐로 복 부사장은 어느 책에서 이렇게 말했다.

"정보보호 의식을 망각해 간혹 정보유출 사고가 있어도 모든 정보들을 공유할 때 얻는 이익이 훨씬 더 크기 때문에 우리는 정보 공유 쪽을 택했다."

구성원들이 일을 통해 얻은 지식정보는 기본적으로 모두의 공통자산인 셈이다. 그러므로 정보에 대한 조직 내부의 기본원칙은, 누구든 언제든 자유롭게 요구하고 사용할 수 있어야 한다. 그래야 정보가 더 창조적인 부가가치 창출로 이어진다.

그런데 문제는, 어떤 정보는 기밀로 철저한 보안이 필요하고, 어떤 정보는 외부로 적극적으로 알려야 한다는 사실이다. 앞에서 언급했듯이 결론이 안 난 정보나 충분히 숙고되지 않은 정보들이 밖으로 나가서는 안 된다. 이것이 우리가 정보윤리를 계속 고민해야 하는 이유다. '내부에서의 정보 공유는 벽이 생기지 않게 투명성을 높여 가용자원을 극대화하고, 외부로의 정보유출은 공식발표보다 절대 앞서가지 않는다.' 이런 원칙을 공유할 필요가 있다.

직업윤리, 정보윤리에 대해 직원들을 재교육하지 않고 방치하면 조직이 느슨해지고 부정행위와 비리가 생기기 쉬워진다. 이는 팀워크를 해칠 뿐만 아니라 개인과 조직을 파탄시키는 일이다. 평소에 아무리 친하고 가까운 사이더라도 책임감 없이 일을 날림으로 한다면 비정해져야 한다. 썩은 의식은 가차 없이 도려내야만 개인도 조직도 살아남을 수 있다. 특히 요즘은 모든 것이 공개된 세상이라 업무상 부정행위나 비리, 성추행 같은 사건에 대해 안이하게 대응했다가는 여론의 뭇매를 맞고 이미지가 실추된다. 돌이킬 수 없는 나락으로 떨어질 수도 있다.

지속가능한 성장과 번영은 결국 그 중심에 사람이 있다. 지금 갖춘 스펙도 중요하지만, 끊임없이 미래를 바라보는 변화와 혁신의 마인드, 응용력과 통찰력을 키우는 학습능력, 불굴의 도전정신이 필요하다. 그리고 그 모든 것의 기본은 바로 엄격한 윤리의식이다.

부서 이기주의를
타파하는
컨트롤타워

　　과거 많은 제국들의 흥망성쇠를 살펴보면 망하는 과정에는 한 가지 공통점이 있다. 국가를 이루는 3가지 핵심조직인 군대, 정부, 경제조직의 협력 시스템이 무너졌다는 것이다. 왜 이들 사이의 협력 시스템이 무너졌을까? 여러 가지 이유가 있겠지만, 오만함, 현실안주에서 오는 방탕함, 서로에 대한 무관심 때문일 것이다. 이런 이유들로 인해 서로 거리가 점점 멀어지고 효율성이 떨어지면서 무너지게 되었다. 이처럼 각 부문 간의 이해가 충돌할 때 어떻게 해결해야 할까?

　　앞에서 소개한 도요타의 경우는 방대한 조직의 고질병인 '나는 나, 너는 너'라는 식의 부서 이기주의와 개인주의적 사고, 현실에 안주하려는 구조적인 관성을 깨기 위해 과감한 '공간 혁신'을 이뤄냈다. 물리적 환경을 바꿔 의식을 깨우고, 개인과 조직의 성장을 촉진한 것이다.

전체의 관점에서 보상을 강화하는 쪽으로 시스템을 바꾸는 것도 도움이 될 수 있다. 앞에서 말했듯이 월트디즈니는 놀이동산, 영화, 만화, 캐릭터 등 다양한 부문 간의 협업을 위해 '30% 협업 성과 보상' 제도를 도입했다.

반대의 경우도 있다. 트랜지스터라디오에서 워크맨, CD플레이어 시장까지 섭렵하며 혁신의 아이콘으로 부상했던 소니는 어느새 시장 흐름을 따라잡지 못한 기업의 대명사로 전락했다. 지난 2003년 소니가 야심차게 발표한 '트랜스포메이션 60 전략'은 소니의 전자 사업 부문과 컨텐츠 사업 부문 사이의 부서 이기주의로 인해 빛을 발하지 못했다. 전자 사업 부문은 소니의 음악 컨텐츠를 활용해 자사의 기기를 음악계의 표준기기로 만들려 노력했다. 또한 컨텐츠 사업 부문은 음원의 불법복제를 막기 위해 음원을 저렴하게 제공하는 판로를 막았다. 전자 부문과 컨텐츠 부문의 시대착오적 발상은 자사의 휴대용 음악기기에서만 지원되는 파일 포맷을 고집하는 결과를 낳았다. 조직이 분명한 목표를 수립할 수 있도록 돕는 컨트롤타워가 없어서 일어난 일이었다.

시장의 변화속도가 너무 빠르고 시장 자체가 순식간에 없어지거나 다시 태어나기도 한다. 그러다 보니 내부에서는 '우리가 고생해서 얻은 노하우니 이것으로 최대한 오래 버텨야 한다.'며 업무내용과 정보들을 꼭꼭 숨기는 현상도 일어난다. 영업기밀, 기술기밀이라는 이유를 들어 부서 간에도 정보 공유를 꺼린다. 담당자 입장에서는 그럴 수도 있는 일이다. 하지만 이런 현상을 방치하면 자칫 부서 이기주의에 빠지고 조직 전체가 경색될 수 있다.

이럴 때 부서 이기주의를 극복하기 위해서는 조직 관점에서 몇 가지 대응이 필요하다. 첫째, '정보윤리'에 대해 전 직원이 명확하게 이해할 수 있도록 안내하고 철저하게 준수하자는 마인드를 세팅해야 한다. 둘째는, 부서와 팀을 초월해 전사적으로 달성할 과감한 목표를 세운다. 그에 따라 현실에서 뛰어넘어야 할 한계치를 팀별로 공유하고, 협업을 통해 공동의 목표를 달성하도록 독려한다. 셋째, 부서 이기주의를 극복하고 협업한 결과에 대한 보상을 확실히 해준다. 넷째, 컨트롤타워를 마련하고 거기에 권한과 자율권을 주어 결과에 집중하게 한다.

힘으로 장악하지 말고
소통으로 묶어라

내 의견을 아무리 열심히 이야기해도 전혀 받아들여지지 않거나, 평가와 보상이 투명하지 않거나, 리더가 그 부서를 제대로 장악하지 못하면 갈등이 많아진다. 그런 과정에서 진급이나 평가에 소외된 사람들은 반대 세력이 되어 앞으로 나아가려는 조직의 발목을 잡는다. 결국 갈등의 골이 깊어지면 조직 곳곳에 화약고가 생겨나고, 걸핏하면 진흙탕 싸움을 하느라 시간과 에너지를 낭비한다.

우선 팀원 간, 조직 간에 양적으로나 질적으로나 소통이 늘어나야만 단결력, 결속력, 협업정신이 생겨난다. 서로 업무에 대해 이해도가 높아지기 때문이다. 동료나 팀원이 때때로 힘이 되기도 하지만 절박할 때 원수 같은 존재가 될 수 있다. 친해져야 서로의 존재가 플러스로 작용하는데, 이것은 무조건 의지만 있다고 해서 가능해지는 일은 아니다. 목적을 가지고 상대에게 접근하면 해법이 없다. 상대방의 문제점만 일일이 지적하며 그를 변화시키려고 한다면 그러한 노력은 밑 빠진 독에 물 붓기나 다름없다. 상대가 변화할 때까지 마냥 기다릴 수만은 없겠지만, 서로 한 걸음씩 양보해 나도 변하고 너도 변할 수 있는 분위기를 조성한다면 다 같이 자발적으로 변화에 동참하게 될 것이다.

중요한 것은 힘으로 조직을 장악하는 것이 아니라, 이기심을 버리고 동참할 큰 목표를 내걸고 왕성한 소통으로 팀을 하나로 묶어내는 것이다. 그것이 바로 리더가 해야 할 가장 기본적인 일이다. 하나의 문제에 대해 함께 파고들고 학습할 때 좋은 협업이 가능해진다. 이메일이나 전화, 또는 공식적인 회의에만 의존해서는 안 된다. 세세한 지식이나 경험담, 속 깊은 감정까지 주고받으려면 대면접촉과 대화를 늘려야 한다.

실적을 떨어뜨리는
최대의 적

소니, 노키아, 야후는 사일로식 사고 때문에 몰락한 대표적인 기업들이다. 알다시피 사일로는 원래 큰 탑 모양의 곡식 저장고를 의미하는 단어였는데, 회사 안에 담을 쌓고 외부와 소통하지 않는 팀이나 부서를 가리키는 말로 더 자주 쓰인다. 사일로식 사고를 하는 팀이나 구성원들은 서로 정보를 공유하지 않아서 비생산적이고 일처리가 후진적이다. 조직은 막대한 낭비로 점점 침체된다.

가령 이런 식이다. 개발자가 자기 생각만 가지고 수개월 동안 밤낮없이 일해서 완성했는데, 뚜껑을 열고 보니 시장의 요구와 동떨어진 결과물을 만들어낸 경우다. 이런 경우가 의외로 많다. 한편, 휴가도 반납하고 혼신의 힘을 다했지만 주변 동료들이 협조해주지 않아 일을 진행시키지 못했거나, 주위의 평판이 안 좋아 흐지부지 끝나버리는 경우도 있다. 수개월이 낭비된 셈이다. 이렇게 시간과 에너지를 허비하는 것은 개인의 문제가 아니라 조직 전체의 문제다.

수익률이 떨어지고, 시장 점유율이 줄어들고, 고객이 이탈하고, 신제품이 외면받고, 연구개발이 안 되고, 업무처리가 느려지고, 아무도 아이디어를 내지 않고, 다들 남의 일처럼 평론만 하고 있다면, 그 조직의 해법은 딱 하나다. 모두 밖으로 나가 2배로 뛰는 것이다. 직접 현장에 나가 발로 뛰어보면 아이디어가 나오고, 문제도 제대로 보인다. 당장 풀어야 할 숙제도 보이고 그 해결방법도 보인다. 방향이 보이니 희망도 보이고, 더 나아가 인생도 보인다.

부서 이기주의는 실적이 안 좋은 조직의 공통점이기도 하다. 어쩌면 실적을 떨어뜨리는 최대의 적이다. 서로 감추면서 일하기 때문에 공동자산이 찔끔찔끔 쓰이거나 대부분 사장된다. 이런 조직은 사람과 자원을 아무리 많이 투자해도 이익을 내기가 힘들다. 종종 "저 직원의 도움이 절실한데 부서장이 놔주질 않는다."라거나 "저 부서는 핵심정보를 공유하지 않는다." 같은 이야기가 나온다. 정보 공유가 안 되고, 인적으로나 업무적으로 협조가 안 되는 조직이다.

그중에서도 특히 리더가 부서 이기주의를 조장하는 곳은 가장 나쁜 조직이다. 아무리 유능한 인재들이 모여 있어도 조직의 분위기가 이기주의를 조장하면 실패가 아닌 일도 실패로 만들고, 멀쩡한 사람도 실패자로 만들어버린다. 반면 강한 조직은 개개인이 가진 경험과 노하우, 지혜를 누구나 자유롭게 공유하고 융합해 새로운 가치를 만들어낸다. 그렇게 되면 결국 개인과 조직이 함께 성장한다.

누가
무슨 성과를
냈는지

보이게
하라

6

개인과 조직이 성장하려면, 누군가가 나서서 조정하고 조율해야 할 일들이 많다. 아무도 책임 지지 않으려고만 하고 실행체가 없으면 어떤 조직도 앞으로 나아갈 수 없다. 일과 일 사이를 이어 유기적인 조직으로 거듭나야 한다. 투명한 조직 문화와 공정한 보상은 의욕적인 인재들을 더욱 불타오르게 만든다.

싫으면 나가고
남을 거면
열심히 하라

축구나 야구 팀에 아무리 뛰어난 선수들이 많이 모여 있어도 경기의 승패를 좌우하는 것은 팀 분위기다. 회사도 마찬가지다. 조직의 승패는 IQ의 합이 아니라 분위기에 달렸다. 기업 코칭을 하면서 나 역시이 점을 절실히 느꼈다. 잘되는 곳은 구성원들이 상당히 겸손하고 서로 친화적인 분위기다. 리더들은 이타적인 리더십을 발휘하고, 구성원들은 각자 해야 할 일을 스스로 찾고 서로 협조한다. 그 일의 가치를 공유하고, 한마음으로 하나의 목표를 바라보기 때문이다. 그러한 마인드가 태도와 눈빛, 일하는 방식에 그대로 묻어난다. 그리고 고객들은 그런 점을 아주 민감하게 감지하고 그것이 곧 실적으로 연결된다.

반대로 똑똑한 사람들이 많은데 실적이 안 좋은 조직은 이렇다. "선생님이 미워서 공부하기 싫어요." 하는 어린아이처럼 상사나 동료가 미워서 일부러 대충하거나 일을 방해하는 사람이 실제로 있다. 일정 회의나 아이디어 회의, 프로젝트 발표회 등에 참석해도 아주 못마땅한 표정으로 팔짱을 끼고 앉아 있다. '나 여기 억지로 왔소.' 하는 티가 줄줄 흐른다. 당연히 의견을 물어도 냉소적이고 시큰둥한 반응이다. 이런 사람들이 생겨나기 시작하면 그 조직은 미래가 뻔해진다. 열정적인 사람들도 그들 앞에서는 꽁꽁 얼어버리기 때문이다.

이것은 기업에서 강의를 할 때도 여실히 느낄 수 있다. 실적이 안 좋고 점점 쪼그라드는 조직에 가면 성의 없는 표정에 태도가 삐딱한 사람들이 유난히 눈에 많이 띈다. 시큰둥한 표정으로 오만상을 하고 있다. 뭔가 부정적인 생각들로 가득 찬 표정들이다. 어떤 간부는 삐딱하게 앉아서 '얼마나 잘하나 한번 보자.' 하는 얼굴이다. 그런 간부 밑에 있는 직원들이 뭘 보고 배우겠는가?

반대로 실적이 좋고 성장하는 기업은 분위기가 다르다. 눈빛들이 초롱초롱하고, 앞자리나 뒷자리나 고르게 집중도가 높다. 책을 읽고 왔는데도 성실하게 메모하며, '저것을 내 일에 어떻게 적용할까?', '내가 놓친 게 뭘까?', '내 삶에 적용할 만한 것은 무엇인가?'를 고민한다.

이런 승리의 정신들은 눈빛과 자세에서 그대로 묻어 나온다. 예의 바르고 겸손하며, 실전에서는 무슨 일이든 신속하게 대응하는 능력이 몸에 배어 있다. 평소에 준비를 잘해두어서 기본기가 탄탄하다는 증거다. 시큰둥한 조직과 열정적인 조직, 나중에 그들의 인생과 운명이 어떻게 달라질지는 긴 설명이 필요 없을 것이다.

영혼 없는 태도는
동료들에게 상처를 준다

'일하기 싫으면 나가라. 남을 거면 열심히 하라.'

다소 과격하게 들릴지 모르겠지만, 내가 많은 기업과 조직을 지켜보면서 얻은 결론이다. 자신의 일을 사랑하지 않는 사람은 그 자리에 있어서는 안 된다. 남의 기회를 빼앗고, 동료의 성장을 방해하며, 조직의 미래를 망치는 일이다.

영혼 없는 태도는 어떤 태도일까? 스스로에게 다음과 같은 질문을 던져보자. 나는 고객 앞에서 긴장감을 가지고 진지하게 일하는가? 늦장 부리지 않고 내 일처럼 기민하게, 능동적이고 적극적으로 움직이는가? 과거에도 그랬지만 앞으로는 더더욱 '영혼을 가지고 일을 대하는' 사람들이 중심에 설 수밖에 없다. 개인의 이익만 생각하거나, 그냥 편한 곳에 안주해 생각 없이 일하는 사람들까지 지켜줄 수 없는 시대이기 때문이다.

특히 팀으로 일할 때는 한 사람이 가진 불손한 태도 때문에 동료들이 고통받는다. 이는 자신의 인생을 망치는 것은 물론이고 동료들에게 죄를 짓는 것이나 다름없다. 세월호 사건 때 선장과 선원들의 태도를 보면 알 수 있다. 위기가 닥치면 행동에서 그대로 드러난다. 평소에 책임감이나 동료의식이 없으면 위급한 상황에서 아무런 대응도 하지 못하고, 자신의 일도, 역할도, 책임도 모두 던져버린다. 조직에 이런 불행도 없다.

혼까지는 아니어도 최소한 일에 애정은 있어야 한다. 애정을 가진 사람은 열심히 일한 만큼 더 성장한다. 애정조차 없다면 여기에 있을 이유가 없다. 내가 왜 여기 있어야 하는지 잘 모르겠다면, 진지하게 다시 생각해보기 바란다. 내가 있어야 할 곳도 아니고 가야 할 방향도 아니다.

스스로에게 부끄럽지 않으려면 내가 지금 어떻게 일해야 하는지를 계속 돌아보고 반성해야 한다. 책임감 없는 태도, 소극적인 태도는 옆에서 일하는 사람들에게 상처를 준다. 지금 시장은 모두가 힘을 모아도 만만치가 않다. 그런데 그 와중에 서로 갈등하고 견제하며 편을 가르는 소모전까지 치르고 있다면 미래는 점점 더 어두워질 뿐이다.

무관심, 소극적인 태도, 책임회피, 무사안일, 이기주의, 편법과 불법, 탐욕과 비리…, 이런 악마 같은 직업관이 세월호 사건 같은 비극을 만들었다. 영혼 없는 태도로 그 자리에 앉아 있는가? 그런 태도로 일하고 있다면 아무리 시간이 오래 지나도 '영혼 없는 월급쟁이'에 지나지 않는다. 아마 그리 오래 있지도 못하겠지만.

자기 일만 하는
'철밥통' 조직

개인과 조직이 성장하려면, 균형감각을 가지고 계속해서 최적점을 찾아가려는 의식을 갖는 것이 중요하다. 누군가가 나서서 조정하고 조율해야 할 일들이 많은데, 아무도 이것을 어떻게 풀 것인지 고민하지 않는 조직은 점점 더 무거워지고 구태의연해진다. 효율이 떨어지고 움직임이 느려지니 자꾸만 뒤처진다.

각자 자기 틀에만 갇혀서 현실적인 해결책을 생각하지 않으려고 하는 것이 문제다. 남의 말을 듣는 귀도 없고, 깊이 고민하는 머리도 없고, 문제를 해결하려는 실행력도 없는 직원들이 있다. 문책을 받을지도 모른다는 생각 때문에 매사에 소극적이다. 이들은 고객은 보지 않고 규정집과 법령집만 본다. 자신이 나서면 쉽게 해결할 수 있는 일인데도 '내 업무가 아니니 다른 데 가보라.'고 떠넘긴다. 일에 대한 소명의식이 없는 것이다.

특히 여러 관련 부서나 관련자들과 같이 모여서 풀어야 하는 그런 일은 외면하려 한다. 그래서 가급적 자기 업무영역에 대해서 소극적으로 범위를 설정해놓고 '내 일은 여기까지'라며 선을 긋는다. 선을 긋기 애매한 부분이나 복잡하고 손이 많이 가는 일은 다른 부서에 떠넘긴다. 어떻게든 같이 해볼 생각보다는 나만 슬그머니 빠지겠다는 식으로 눈치를 보면서 회피하는 것이다.

이런 현상은 조직이 가점주의가 아닌 감점주의를 중심으로 평가할 때 더욱 심해진다. 소위 '철밥통' 조직이 되는 것이다.

일부 공무원이나 공기업이 무사안일주의, 행정편의주의라며 질타를 받는 이유도 이와 같다. 처음부터 일 자체를 못 하게 하는 스타일로 업무를 처리하기 때문이다. 민원이 생겨 찾아온 민원인에게 '직접 해결하고 오라.'며 책임을 전가하기도 하고, 중간에서 중재하는 일이나 대안을 찾아 문제를 해결하는 일이 본분임에도 불구하고 그런 일을 피곤한 일로 여긴다. 이렇듯 아무도 책임지지 않으려고만 하고 실행체가 없으면 어떤 조직도 앞으로 나아갈 수 없다.

일과 일 사이를 이어
유기적인 조직으로
거듭나라

어떤 곳에 가보면 '우리가 많이 해봐서 안다.' 하면서 느릿느릿 태평하게 움직인다. 그런 곳에서는 급한 일이 터져도 누구 하나 빠릿빠릿하게 나서는 사람이 없다. 이런 조직은 이미 지는 게임을 하고 있는 셈이다. 하나를 보면 열을 안다고, 소극적인 자세로 일하거나 상황에 상관없이 느리게 처리하면 실력은 아무 의미가 없다. 실전에서는 무엇보다 중요한 것이 적극적인 자세와 민첩성, 순발력이다.

조직이나 개인이 심각한 문제에 봉착하는 경우는 2가지다. 하나는 상대를 과소평가할 때고, 다른 하나는 자신을 과대평가할 때다. 과거의 성공에 취해 있으면 상대방을 과소평가해 경쟁에서 진다. 그리고 자신을 과대평가하면 위급한 상황임에도 안일하게 대처한다. 아무리 유능한 사람도 긴장감이 없고 무뎌져 있으면 실력을 발휘할 수가 없다. 팀워크도 빛을 잃는다.

쟁쟁한 실력을 갖춘 선수들만 모아서 팀을 구성했는데, 그 팀이 약체 팀에 어이없이 지는 경우가 있다. 실력의 문제가 아니라 의식상태의 문제다. 직원들의 의식이나 일을 대하는 태도가 느슨하고 안이하면, 그곳에서 나오는 제품과 서비스 역시 문제가 많다. 구멍이 숭숭 뚫려 있으니 금세 위기가 닥친다.

정신은 몸을 지배하고, 몸의 행동은 습관을 만들어낸다. 사람은 위기가 닥쳤을 때 몸에 밴 습관이 제일 먼저 튀어나오게 마련이다. 그러니 습관적인 행동을 보면 어떤 정신을 가졌는지 알 수 있다. 무슨 일이든 적당히 대충 때우려는 사람은 위기가 닥치면 회피하고, 남 탓하고, 떠넘기기 바쁘다. 그러다 보면 나중에는 서로 싸우느라 난리가 난다. 한마디로 콩가루 조직이다.

그렇다면 지금 우리 조직을 지배하는 정신은 어떤가? 편한 일, 쉬운 일만 찾고 있지는 않은가? 그냥 지금처럼 그대로 '가늘고 길게' 가기를 바라며 안주하고 있는 것은 아닌가?

아무리 뛰어난 기술도 시간이 지나면 빠르게 쓸모없는 것이 된다. 트렌드도 마찬가지다. 그러므로 변화를 빠르게 읽고 새로운 것들을 익히고 응용할 수 있는 깨어 있는 의식과 혁신에 강한 체질을 갖추는 것이 무엇보다 중요하다. 기본기가 강한 사람은 다양한 변화에 빠르게 대처할 수 있다.

일이 닥치면 "저도 알고 있었는데요."가 중요한 것이 아니라 남들보다 한발 빠르게 대처했느냐가 중요하다. 그런 순발력이 없으면 기다리는 고객은 화를 내고, 협력사는 납기를 못 맞추는 거래처를 끊어버린다. 순발력은 시대를 불문하고 핵심적인 경쟁력이다. 그래서 어떤 일이 벌어졌을 때, 이 일을 아느냐 모르느냐, 할 수 있느냐 없느냐를 생각하는 것은 중요하지 않다. 일단 누구라도 먼저 뛰어가서 순발력 있게 처리하는 것, 그것이 가장 중요하다. 현장에서 문제를 해결해야 할 때, 영업 업무나 고객 응대 같은 대고객 업무에서는 특히 더욱 그렇다.

기능적으로 일하지 말고
유기적으로 일하라

우리는 왜 이 회사에 모였을까? 뭔가를 같이 이뤄 행복해지기 위해서다. 그런데 왜 사람 때문에 힘들어야 할까? 원래는 다들 유능하고 똑똑하고 의욕적이고 괜찮은 사람들이었다. 그런데 조직에서 성격이 완전히 달라진 경우도 있다. 질투하는 사람, 뺀질거리는 사람, 자기 이익만 챙기는 사람으로 바뀐 것이다. 멀쩡하던 사람들이 왜 그렇게 달라졌을까?

거대한 조직에 몸담고 있다 보면, 어느 순간 내가 거대한 기계 속 부속품이 된 것 같은 열패감을 느낄 때가 있다. 그런 경우는, 물론 조직에 문제가 있어서 그럴 수도 있지만, 나 자신이 기능적으로 일하는지 유기적으로 일하는지를 먼저 되돌아볼 필요가 있다. 내가 맡은 업무만 좁게 바라보며 기능적으로 일하다 보면 당연히 그런 회의와 권태감이 몰려올 수밖에 없다. 하지만 좀 더 넓은 영역에서 내 업무를 바라보고, 다른 일과의 관계를 생각하고 많은 사람들을 참여시켜서 진행하다 보면, 살아 있는 느낌도 들고 일에서 더 큰 보람도 찾을 수 있다.

여러 사람의 업무를 취합하고, 조정하고, 시너지를 만들어 전체적으로 결과를 내는 일은 누가 해야 할까? 사장이나 팀장이 해야 할까? 아니다. 그 누구도 그 책임에서 자유로울 수 없다. 누구나 해야 하는 일이기 때문이다. 물론 그 사이에서 리더는 촉매제가 되어야 한다.

유기적으로 일하려면 구성원들은 능력에 플러스알파를 가지고 있어야 한다. 플러스알파가 있어도 각자의 능력들을 100배 살리는 유기적인 팀플레이를 하기에는 항상 부족하다. 각자 소질과 업무 소화능력이 다르기 때문에 개인훈련으로 일정 수준까지 끌어올려줘야 하고, 다시 팀으로 여러 상황을 상정해 디테일하게 반복 훈련을 해야 하기 때문이다. 이러한 팀플레이 의식과 철저한 준비가 있어야만 유기적으로 움직일 수 있다.

2015년 온 나라를 충격과 공포로 몰아넣은 메르스 사태를 기억할 것이다. 대부분의 병원들이 제대로 된 대응을 못하고 우왕좌왕하고 있을 때, 철저한 선제 대응으로 메르스 퇴치에 공헌해 화제가 된 병원이 있었다. 그중 하나가 바로 고양 명지병원이다. '환자 전원 완치, 의료진 감염 0명'이라는 놀라운 결과를 만들어낸 것이다.

명지병원은 메르스가 국내로 들어오기 1년 전, 사우디아라비아에서 유행하자 그때부터 대응팀을 만들어 준비를 시작했다. 전사적으로 신속 대응팀을 출범시켰고, 행정부서와 주변 지원부서, 의료진이 한마음으로 뭉쳐 1분 단위로 대응 시나리오를 짜고 실전훈련을 했다. 방호복을 입고 벗는 훈련부터, 외부 병원이나 국가재난정보센터와 대응팀 간의 연락과 준비, 환자 이동 동선 확보와 동선 소독, 전염 차단 업무, 해당 환자 입원실 관리와 격리병실·음압병실 관리 등 다양한 업무들을 미리 구체적으로 나눠서 실전처럼 준비했다.

그뿐 아니다. 메르스 환자를 전담할 의료진과 지원부서의 업무내용을 미리 명시하고, 의료진과 직원의 2차 감염에 대한 대비책도 마련해두었다. 그리고 치료제가 없는 상황에서 사용할 수 있는 대중 치료법과 해외 치료사례를 확보해두기도 했다. 이처럼 촘촘한 준비 덕분에 그들은 실제로 메르스 발병 당시 완벽에 가까운 대응을 할 수 있었던 것이다.

한 가지 예를 들면, 명지병원의 신속 대응팀은 2014년에 방호복을 입고 벗는 훈련을 반복했다. 이들은 실전 이상으로 연습하기 위해 방호복에 형광물질을 발랐는데, 방호복을 벗은 후 형광카메라를 비춰 몸에 조금이라도 묻어 있으면 처음부터 다시 했다. 그들은 시간 내에 제대로 벗을 때까지 반복하고 또 반복했다.

이러한 준비는 뛰어난 사람 한두 명이 추진한다고 해서 되는 일이 아니다. 모든 구성원이 일사불란하게 움직여야만 가능한 일이다. 마치 한 몸이 된 것처럼 유기적으로 움직이지 않으면 아무리 좋은 이론이나 방법론도 무용지물이 되고 만다.

좋은 경기력을 보이는 팀은 반드시 연습량이 많다. 모든 일이 다 그렇지 않은가? 개별적으로 보면 일에 대한 각자의 준비성이다. 역할분담을 정확히 하는 것도 중요하지만, 더 중요한 것은 자신이 맡은 임무를 완벽하게 해낼 때까지 훈련하는 것이다. 단순히 매뉴얼을 암기하거나 머리로만 숙지하는 데서 끝낼 것이 아니라 실전 이상으로 연습해야 한다. 그래야만 상황에 따라 스스로 생각하고 판단해 즉각적으로 행동할 수 있다. 이런 훈련이 되어 있는 조직이 바로 유기적인 조직이다.

기능적으로 일하면 기능적인 능력 이상의 것을 얻을 수 없다. 성장할 수도 없다. 뛰어난 스펙과 전문성을 갖춘 인재가 그냥 단순히 기능적인 일만 한다면 얼마나 비참하겠는가. 아무리 오래 경력을 쌓아도 좀 더 고차원적인 능력이 길러지지 않는다. 팀플레이도 서툴고, 함께 일할 때 자신의 능력을 100% 발휘하지도 못한다.

성과가 낮은 조직을 살펴보면 다들 '기능적으로 일하고 끝'이라는 식이다. 그것으로 자기 할 일을 다 했다고 생각하는 사람들이 많다. 주변의 동료나 다른 팀, 다른 부서와 유기적으로 일해서 성과를 극대화하겠다는 생각이 없다. 조직 문화가 그렇다 보니, 그런 문화에서 일을 배운 사람들은 유기적으로 일하는 것이 피곤하다. 협업하고, 서로 보조를 맞추고, 여러 사람이 가진 능력들을 모아 시너지를 내고, 최적화시키기 위해 조율하고 조정하고, 다시 최적점을 찾아야 하는 작업들…. 서로 부대끼면서 풀어내야 하는 일들이 모두 유기적인 일들이다.

때로는 책임자가 되어 일을 도맡아서 해야 하고, 때로는 한 사람 한 사람을 만나 개별적으로 설득해야 한다. 늦은 밤까지 같이 조율하고 조정하면서 최적점을 찾거나 끝장토론을 해야 하는 경우도 있다. 그러다 보면 내가 양보해야 할 때도 있고, 업무와는 별도로 감정이 상한 동료를 다독여주어야 하는 일도 있다.

일과 일 사이를
스스로 이어라

누가 시킨 일이나 정해진 일을 하는 사람은 많지만, 일의 계획이나 설계도를 보면서 전체 상황을 파악하고 스스로 필요한 일들을 찾아서 해결하는 인재는 드물다. 스스로 일을 찾아서 하는 사람이 없으면 각자 자기 할 일은 잘할지 몰라도 어려운 일 앞에서 모래알처럼 흩어져버린다. 사람과 사람, 일과 일 사이에 있는 애매한 일들을 아무도 안 챙기기 때문이다.

배관설비에서 나중에 문제가 생기는 부분은 대부분 파이프의 연결 부분이나 이음새 부분이다. 일도 마찬가지다. 문제들은 내 업무와 네 업무 사이에서 많이 일어난다. 서로 자기 일만 신경을 쓰니까 그렇다. 내 일과 연결되어 있음에도 불구하고 남의 일에 별로 관심이 없고 중요하지 않다고 생각한다.

하지만 절대 그렇지 않다. 동료의 일에 무관심하면 일과 일 사이의 미세한 문제들을 계속 놓치게 되고 그것이 누적되면서 나중에 큰 문제로 불거진다. 경쟁력이나 실력의 차이는 그렇게 작은 부분에서 시작된다. 자기 일만 열심히 하는 사람, 맡은 일을 잘해내는 사람은 많지만, 조직 전체의 관점에서 보면 그런 점은 특별한 경쟁력이 못 된다. 그 정도는 다들 하고 있기 때문이다.

어떤 조직이든 전체를 살피고 돌아가는 주변상황을 주시하면서 스스로 문제를 찾아 해결하려는 능동적인 인재가 절실하다. 오지랖 넓게 두루두루 살피는 버릇이 처음에는 별다른 차이가 없는 것처럼 보이겠지만, 시간이 지나면 엄청난 격차를 만든다.

어떻게 하면 일과 일 사이에 생기는 문제를 놓치지 않을 수 있을까? 먼저 목표가 포함된 실행계획서를 볼 때 내가 맡을 업무만 보지 말고 다른 부분들도 내 일처럼 꼼꼼히 살펴봐야 한다. 전체적인 일의 흐름을 머릿속으로 시뮬레이션해보면서 미흡한 부분이나 뭔가 빠진 부분이 없는지 체크해보고 그 부분을 찾아서 어떻게 해결할까 생각해본다. 스스로 처리할 수 있다면 가장 좋겠지만, 그렇지 않다면 상사나 동료에게 문제제기를 하고 주도적으로 해결방안을 찾아야 한다.

실무에 배치되면 일을 찾아서 하는 습관이 무엇보다 중요하다. 시켜서 하는 일, 할당되어서 내려온 일들만 생각하면 그저 기계 부속품처럼 일할 뿐 성장하지 못한다.

그러기 위해서는 자기 업무영역만 고집하지 않는 열린 사고가 중요하다. 비록 지금은 정해진 포지션이 있다고 해도 얼마든지 다른 부서에서 다른 일을 할 수 있는 시대다. 영업부는 영업만 하고 개발부서는 개발만 하라는 법이 없다. 부서 간 장벽이 점차 희미해지면서 의욕과 열정만 있다면 누구에게나 배움과 성장의 기회가 있다. 부서 간 크로스오버를 통해 새롭고 창의적인 것들을 만들어낼 기회도 많아진다. 하이브리드 인재가 각광받게 되는 것이다.

풀리지 않는
갈등은
조직의 화약고

누구나 입장이 다르고 생각이 다르다. 당연한 일이다. 그런데 그런 이유로 같은 조직 내에서 서로 감정이 상해 있거나 관계에 금이 가서는 안 된다.

일을 하다 보면 서로 의견이 충돌하거나 언성을 높이는 경우도 있다. 그리고 나면 서로 토라지고 데면데면해질 수도 있다. 그런데 이것을 곧바로 해결하지 않고 묵혀두면 감정의 앙금이 더 쌓이고 굳어지면서 상황이 더욱 심각해진다. 이렇게 친밀감이 사라진 조직, 인간관계가 서툰 조직은 이것을 바로잡으려는 노력을 더더욱 하지 않고, 계속 방치시켜 악순환에 빠지게 만든다. 동료에게 애정을 가지고, 상대의 감정을 존중하고, 관계를 개선하려는 노력을 하지 않으면 조직 전체는 꽁꽁 얼어버린다. 서로 단절되면서 성장의 기회도 사라진다.

여러 사람이 같이 일하니 트러블이 생기는 것은 당연한 일이다. 어쩔 수 없이 스트레스도 받는다. 그래서 누군가는 전체적으로 이해하고, 설득하고, 조정해야 한다. 공감능력이 뛰어난 사람이 그런 일에 나서야 한다.

내 생각만 앞세우거나 나도 모르게 다른 사람을 비판할 때, 상대방은 서운함과 섭섭함을 느낀다. 게다가 의견이 충돌하면 반드시 상대의 포기를 받아내겠다는 그릇된 생각까지 든다. 그래서 더 심하게 상대를 몰아세우거나 공격하는데, 이렇게 되면 친했던 사이라도 급격히 사이가 멀어진다. 심리적인 벽이 세워지고 관계가 껄끄러워지는 것이다.

진정한 프로들은 그렇게 일하지 않는다. 내 일을 잘하려면 동료들과의 관계가 좋아야 한다는 사실을 잘 알기 때문이다. 그래서 비록 경쟁자라 할지라도 함께 일하는 사람에게 용기를 주고 열정을 품게 도와준다. 함께 더 나은 방법을 찾을 수 있도록 독려하고 영감을 준다. 서로의 생각을 주고받으며 나보다 더 뛰어난 부분을 보고 자극을 받기도 한다.

리더는 정서관리에
시간과 에너지를 쏟아라

조직 전체의 분위기가 좋고 하나로 똘똘 뭉친 팀워크는 그 바탕에 리더의 인간성이 있다. 구성원들이 보이는 정서는 리더의 정서를 거울처럼 비춘다. 동료들과 관계가 좋아지려면 그만큼 시간을 투자해야 한다. 수시로 과업충돌이 있기 때문에 동료 사이가 항상 좋을 수는 없다. 일하다 보면 서로 감정이 상하는 경우도 있다. 그럴 때 내가 먼저 움직여서 관계를 회복할 시간을 만들지 않으면 문제는 점점 더 심각해진다. 방치하면 힘들이지 않아도 될 일들을 힘들게 해야 한다. 마음의 벽은 일에서도 장벽이 된다. 당연히 일이 매끄럽게 풀릴 수가 없다. 그래서 소통하는 시간이 필요하다는 것이다.

오해도 풀고, 감정의 골도 없애는 친근한 대화가 필요하다. 거북할 때일수록 더 만나고 더 적극적으로 소통하다 보면 자연스럽게 풀린다. 나는 그래서 간부급을 코칭할 때 항상 다양한 형태의 대면 커뮤니케이션을 강조한다. 식사를 같이하면서 하는 식食커뮤니케이션, 차를 마시면서 하는 티tea커뮤니케이션, 사비라도 들여서 하는 주酒커뮤니케이션, 탕비실 커뮤니케이션, 복도 커뮤니케이션, 회의실 커뮤니케이션, 휴게실 커뮤니케이션, 출퇴근 커뮤니케이션 등이다. 물론 다양한 취미나 문화활동을 통해서도 가능하다.

이런 식으로 팀의 분위기나 구성원들의 취향, 성향에 따라 다양한 형태로 리더들이 왕성하게 커뮤니케이션에 투자하면 그만큼 그 조직은 팀워크가 끈끈해지고 실적도 좋아진다. 이런 소통 방식은 누구든 어렵지 않게 할 수 있는 일들로 보이지만, 지속적으로 실천하기 위해서는 상당한 노력이 필요하다. 시간도, 에너지도(때로는 개인적인 비용도) 아낌없이 투자해야 한다. 이렇게 구성원들과 왕성하게 소통하다 보면 리더는 자기 일을 할 시간이 부족하다. 그래서 정말 유능한 리더들은 이른 아침

시간이나 혼자 몰입할 수 있는 시간대에 중요한 일을 미리 해놓는 습관을 가지고 있다.

동료들의 재능이나 능력, 데이터, 경험, 노하우 같은 다양한 자원들은 땅에 묻힌 보물과 같다. 눈에 잘 보이지는 않지만, 발굴해서 활용하려는 노력이 뒤따른다면 중요한 자원이 된다. 그 숨은 보물을 얼마나 적극적으로 활용하느냐에 따라 조직의 성패가 결정되기도 한다. 보물을 찾으려면 팀워크와 협업 문화가 필요하다.

요즘은 수직적 분업에서 수평적 협업까지 매우 활발하게 이루어지고 있다. 그런데 직급 간의 수직적 장벽, 부서 간의 수평적 장벽이 있으면 팀워크가 안 된다. 누가 먼저 장벽을 없애고 더 빠르게 서로를 연결시켜 결과를 내느냐의 경쟁이다.

책임회피, 시간지체, 업무단절, 탁상공론, 업무중복, 커뮤니케이션 오류, 불신과 기만, 각종 비리, 반목과 질시…. 여러 유형의 사람들이 모인 조직은 항상 이러한 위험들이 상존한다. 세상에 이런 리스크가 없는 조직은 없다. 없다가도 생길 수 있다. 우리가 하는 일은 마치 살아 있는 생물처럼 항상 꿈틀대며 움직이기 때문이다. 일이 쌓이고, 계획과 다른 결과가 나오고, 사람들이 이동하고, 개인과 팀의 과업이 다르고, 오해나 다툼, 갈등이 수시로 생긴다. 하지만 그런 현실을 절망할 필요는 없다. 그저 이런 일이 수시로 생길 것이고, 그것을 없애려는 노력을 지속적으로 하면 된다는 의식을 가지면 된다.

조직의 역사가 길어지고 규모가 커지는 과정에서 혁신이 없으면 사람들은 현실에 안주하고 자기 일만 생각한다. 물리적, 정서적 거리감이 커져 성과는 점점 떨어지고, 구성원들의 실력도 하향평준화된다. 서로 소통이 안 되고, 협력도 안 되니 점점 더 악순환에 빠진다. 더욱 심각해지면 낭비와 손실이 커지면서 각종 사고와 비리가 난무하는 조직이 된다.

일하는 방식을 지속적으로 혁신해야만 하는 이유는, 항상 사람이 바뀌고, 상황이 바뀌고, 시장이 바뀌고, 소소하게는 우리들의 마음상태와 습관이 바뀌기 때문이다. 막대한 사고나 거액의 손실은 대부분 작은 빈틈에서부터 시작된다. 작은 상처가 곪아 전체를 위기에 빠트리는 것이다. 모두가 열린 생각으로 조직의 정서관리에 신경 써야 한다.

시공간에 화합과
혁신의 메시지를 담아라

앞에서 언급했듯이 평소에 각 부서의 출입문이나 사장실이나 간부실의 문을 활짝 열어놓는 것만으로도 많은 것이 바뀐다. 활짝 열린 문은 언제든지 궁금한 것을 물어보고 필요하면 도움을 요청하라는 뜻이고, 언제든지 이야기를 나눌 준비가 되어 있다는 표시다. 이처럼 물리적인 공간을 변화시키는 것만으로도 협업의 기적을 만들어낼 수 있다. 실제로 공간 재배치를 통해 혁신력과 창조력을 자극해 기적을 일궈낸 회사도 있다.

수년 전 나는 집필을 위해 취재 차 유니클로, 즉 패스트리테일링 사를 방문했다. 가장 먼저 눈에 띈 것은 칸막이가 전혀 없는 확 트인 사무실이었다. 개방감과 자연스러움이 느껴지는 공간에서 직원들이 매우 활기차게 움직이고 있었다.

유니클로는 "영원한 벤처기업을 목표로 혁신을 멈추지 않겠다."는 경영철학을 바탕으로 2006년 완전히 상식을 깨는 '사무실 혁신'을 단행했다. 사무실에 칸막이를 없애고 자유석 제도를 도입한 것이다. 당시 이러한 파격적인 공간 혁신은 도요타를 비롯한 대기업과 공공기관, 공무원 조직, 사회 전반에 신선한 충격을 주었다.

물론 반발이 없었던 것은 아니다. 그래서 개인사물함을 비치하고 독서실처럼 집중해서 일할 수 있는 집중업무실을 따로 마련했다. 그 외에 휴식공간과 마사지실, 카페를 비롯해, 여러 형태의 회의실 등 완충 공간을 두어 상황에 맞게 충전하고, 집중하고, 토론할 수 있게 했다.

유니클로의 '과감한 공간 혁신'은 일하는 방식의 혁신으로 이어졌고, 매출에서도 그대로 나타났다. 몇 년의 조정기를 맞았던 매출은 다시 2006년 4조 4,000억 원대로 회복했고, 2008년에는 5조 8,000억 원으로 늘어났다. '불황 속의 별'이라는 칭송을 받는 가운데, 그해 12월에는 야나이 사장이 손정의 사장을 큰 차로 따돌리고 경영자들이 뽑은 '올해의 사장'으로 뽑혔다.

공간 혁신이 가져온 결과는 놀라웠다. 사내의 각종 성공사례와 모범 사례가 빠르게 퍼져나갔고, 의사결정 속도가 빨라져 효율이 높아졌다. 한눈에 들어오는 공간에서 함께 일하다 보니 무슨 일이든 기획 단계에서부터 전사적으로 철저하게 공유되었고, 현장의 아이디어가 실시간으로 반영되었다. 현장에서는 앞으로 일어날 업무를 예측하고, 계획하고, 스스로 목표를 설계할 수 있게 됐다.

리더와 직원들은 과감한 목표를 중심으로 실행체계를 구축하고 실행력을 강화시켰다. 그중 하나가 주문발주와 생산, 판매까지의 사이클을 단축시키고, 현장책임주의로 완전판매에 철저하게 집중할 수 있었다는 것이다. 물론 '완전실력주의'라는 공정할 룰을 바탕으로 보상도 철저했다. 구성원들은 능동적으로 전국 점포의 모든 판매 데이터들을 실시간으로, 전사적으로 공유해 현장의 기회손실을 줄이고, 동시에 완전판매를 달성해 수익성 개선으로 연결시켰다.

이처럼 유니클로는 공간 혁신에서 출발해 비용구조를 근본적으로 개선했고, 투명한 조직 문화와 공정한 보상을 연결시켜 의욕적인 인재들을 자극했다. 결과적으로 비스니스 모델의 혁신속도를 높이고, 사업구조를 고도화하고, 장기불황 속에서도 혁신력과 협업력으로 새로운 비즈니스 기회를 스스로 창출할 수 있었다.

시공간에는 메시지가 담겨 있다. 그래서 시공간에 변화를 주면 우리 몸은 달라진다. 의식적이든 무의식적이든 변화를 인지하고 변화가 이루어진다. 사무실 혁신은 공간을 변화시켜 행동의 변화를 촉진하는 방법이다. 일하는 방식을 개선하고 인간관계를 발전시킬 수 있다.

사무실의 공간구조나 가구 배치조차도 우리에게 끊임없이 신호를 보낸다. 예를 들어, 칸막이가 높으면 '간섭하지 마시오.'라는 메시지가 전달된다. 필요에 따라서 개인의 몰입도는 올라갈 수 있지만, 팀 전체로 보면 소통을 가로막는 벽으로 작용한다. 당연히 업무속도가 떨어지고 혁신력과 창조력도 떨어진다. 더 치명적인 것은 이렇게 칸막이가 높고 폐쇄적인 조직에서 부정비리, 개인과 조직 전체에 치명타를 안기는 사고가 많다는 것이다. '너는 너, 나는 나', '너와 내가 하는 일은 서로 몰라도 되고, 알 필요도 없다.'는 식이니 무슨 일이 터져도 이상할 것이 없다.

공간이 주는 메시지가 요즘 시대와 맞지 않으면 공간의 구조를 바꿔야 한다. 개방형 사무실이 늘어나는 이유가 바로 이것이다. 공간만 잘 바꿔도 언제 어디서나 직위, 나이, 직책, 경력, 직능에 관계없이 차 한 잔 마시면서 자유롭게 대화하는 분위기, 의견, 아이디어, 경험을 활발하게 주고받을 수 있는 조직 문화가 만들어진다. 그러한 조직 문화 속에서 양질의 정보가 공유되고 혁신적인 아이디어와 참신한 문제해결로 이어진다.

누가
무슨 성과를 냈는지
투명하게 보이게 하라

조직에서 평가와 보상이 공정하지 않을 경우, 사람들은 불만을 갖고 업무의욕도 잃는다. 그런 분위기에서는 중요 정보나 업무내용을 공유하는 것에 대해서도 회의적으로 생각한다. 자신의 업무 노하우를 공개하지 않을 뿐만 아니라, 좋은 정보가 있어도 남들 모르게 독점하려고 한다. 심지어 좋은 사례로 알려지면 질투와 견제의 대상이 되는 경우도 있어서 더더욱 꽁꽁 감추기 바쁘다. 그렇게 되면 조직은 더 정체되고 단절되는 악순환에 빠진다.

많은 기업이 능력주의, 성과주의를 표방하고 있지만 실제로는 공정한 평가와 보상이 이루어지지 않고 있다. 우수팀 포상제도가 있어도 아무 기준 없이 그저 돌아가면서 상을 받고, 팀 내에서 성과급을 나누는 것 역시 그냥 적당히(?) 애매하게 한다. 그래서 많은 직장인들은 자신이 공정하게 평가되거나 철저한 능력주의에 따라 보상받지 못한다고 느낀다. 이러한 문제를 어떻게 해결해야 진정한 능력주의, 성과주의로 한 단계 도약할 수 있을까?

나는 이 책에서 내내 오픈 이노베이션을 통해 일하는 공간과 일하는 방식을 혁신해야 한다고 이야기했다. 서로 보이게 일하면 불신이 줄어들고, 소통이 늘면 구성원은 서로 배우는 것이 많아지며, 조직은 일체감이 생겨 일처리 속도가 빨라진다. 이처럼 물리적, 정서적 벽을 허물었다면 조직의 구성원은 어떤 성과를 보여줘야 좋은 평가와 보상을 받을 수 있을까?

여러 번 언급한 유니클로 역시 초창기부터 '완전실력주의'를 내걸었다. 인재들이 모이고 급성장했지만 그래도 불만들이 있었다. 완전실력주의로 공정하게 평가한다고 했지만 평가기준이나 평가항목들이 애매했고, 직원들은 상사의 기분에 따라 평가받는 것이 아닌지 의심했다. 승진, 연봉, 전환배치 등에서 불이익을 받았다고 생각하는 사람들도 있었다. 그때까지만 해도 유니클로 역시 폐쇄적이었기 때문이다. 하지만 2006년 유니클로는 칸막이를 완전히 없애며 그야말로 모두가 보이게 일하는 곳으로 혁신했다. 그리고 어떤 성과를 보여줘야 하는가도 분명히 밝히고, 구성원 스스로가 평가할 수 있도록 구체화했다. 자기 평가의 주요 내용은 다음과 같이 4가지로 압축할 수 있다.

첫째, 신사고 · 신방법을 도출했는가? 둘째, 조직에 변화와 혁신을 가져다줄 만한 정보를 발신했는가? 셋째, 새롭게 성과를 진전시켰는가? 넷째, 사람을 육성했는가?

앞으로 모든 기업과 조직은 실적이나 성과에 따라 보상에 격차를 두는 선진화된 평가보상제도를 구축할 것이다. 실적·성과에 따라 보상이 달라지는 완전실력주의 시대를 위한 준비다.

여기서 가장 중요한 부분은, '내가 일을 잘하고 있는지 심플하게 평가할 수 있는 기준'을 전체적으로 공유해야 한다는 것이다. 좋은 평가를 받고 그에 맞는 공정한 보상을 받기 위해서 직원들이 스스로 일을 어떻게 해야 하는지, 무엇을 해야 하는지를 분명히 규정할 필요가 있다. 회사의 발전과 개인의 발전을 위해 무엇을 해야 하는가? 즉 승진이나 더 나은 보상을 위해 나는 무엇을 해야 하는가를 분명히 인지해야 한다.

그럼 여기서 4가지, 선진적인 공정평가 기준을 하나씩 자세히 알아보자.

신사고·신방법을 도출했는가?

이것은 먼저 가까이에 있는 자기 업무를 혁신하는 일이다. 자신의 업무를 중심으로 무엇을 바꾸고, 무엇을 혁신했는가, 새로운 방법을 고안했는가, 기존과 다른 방법을 도입해 효율성이나 생산성을 개선했는가를 기준으로 스스로 채점할 수 있다. 이러한 기준을 가지고 내가 한 일들을 돌아보면 내가 어떻게 일했는지가 보인다.

이런 기준이 없으면 어떤 현상이 벌어질까? 시간이 지날수록 나쁜 요령만 늘어 자기 편한 대로 움직인다. 경험자라는 사람들도 지난번에 했던 방식에 얕은꾀나 단순한 요령만 더할 뿐이다. 매뉴얼, 규정, 법규도 방어적으로 해석한다. 일도 어느 정도 익숙해졌고, 주변상황 돌아가는 것도 알며, 주위에 친숙해진 사람들이 대부분이다 보니 구조적인 관성에 빠진다. 어차피 시간이 지나면 자동적으로 승진하기 때문에 적극적이고 능동적으로 움직여 성과를 만들어낼 필요성을 별로 못 느낀다. 이런 조직은 책임회피와 보신주의가 만연해져서 전체가 후진성에 빠진 상태다. 개개인의 능력도 정체하거나 퇴보한다.

내 업무에서 새로운 아이디어, 새로운 방법을 얼마나 고민하고 도출했는가? 어떻게 바꾸었고, 몇 가지를 동료들과 공유했는가? 새로운 방법을 찾아내 어려운 문제를 해결한 적 있는가? 몇 가지나 해결했는가? 그냥 하던 대로 정해진 일을 열심히 했다면 평가할 게 없다. 하지만 맡은 업무를 더 잘하기 위해 고민하고 궁리했다면 평가받을 것이 생긴다. 결과적으로 새로운 경쟁력을 만들어냈다면, 좋은 평가를 받을 자격이 있다. 먼저 문제를 찾아내고, 새로운 아이디어와 방법으로 문제를 해결하기 위해 고민하고, 그 결과 일하는 방식이나 결과를 개선했다면 동료들에게도 공정하게 평가받을 수 있다.

이렇게 능동적으로 일하고 성과를 창출해 공정한 평가를 받기 위해서는, 선결되어야 할 것이 한 가지 있다. 일과 조직에 대해 '긍정적인 세계관'을 가지고 있어야 한다는 점이다. 일과 조직에 대해 부정적인 마음을 가진 사람은 일을 열심히 하더라도 발전하기 힘들고, 동료나 후배에게 좋은 영향을 끼칠 수 없다. 매사에 불평불만이 가득한데 어떻게 새로운 아이디어나 혁신적인 방법을 찾아내겠는가?

특히 리더라면 더더욱 회사와 비즈니스에 대한 긍정적인 세계관을 가져야 한다. 이는 상당히 중요한 전제조건이다. 긍정적인 마인드가 있어야 전체가 가고자 하는 방향에 대해 구성원들을 설득할 수 있다. 조직의 비전이나 목표에 공감하지 않는 리더가 어떻게 구성원들을 능동적으로 설득할 수 있겠는가. 일을 해볼 만큼 해본 사람들이 할 일이란 평론이 아니다. 경험에서 얻은 지식정보, 아이디어와 창의적인 생각을 바탕으로 일하는 방법을 개선하고 혁신하는 것이다. 그것으로 얼마든지 경험과 능력을 증명할 수 있다.

자신의 위치에서 업무의 효율과 품질을 높일 수 있는 아이디어를 찾아낸 사례, 비용을 줄이거나 생산성을 개선한 사례, 처리 속도를 개선한 사례가 얼마나 있었는가? 지금은 모든 것을 계수화, 계량화해서 측정할 수 있는 시대다. 영업이나 연구개발, 생산 현장뿐 아니라 과거에는 계수화하기 애매했던 총무, 업무지원, 마케팅, 홍보, 인사, 교육, 운영, 구매 등 모든 업무영역이 해당된다.

새로운 해법을 찾아낸 사례가 있었는지는 자기 자신이 제일 잘 안다.

그것을 다양한 형태로 전사적으로 공유하고 스스로 평가할 수 있다. 이제는 모든 영역의 구성원들이 자기 일을 계수화하고 계량화해서 어떻게 실적을 개선했느냐를 스스로 보여주어야 한다. 완전실력주의를 도입한 선진 기업들은 직원들이 '노력해서 결과를 내면 반드시 보상이 따른다.'는 믿음을 가질 수 있도록 촘촘한 보상 제도를 만들어놓았다.

유니클로도 목표설계부터 투명하게 계수화·계량화해서, 개개인이 디테일하게 계획을 세우고 스스로 평가하도록 했다. 영업이나 판매부서와 같이 계수화가 쉬운 부서뿐만 아니라 다른 모든 부서가 그렇다. 자신의 연봉·보직·직책에 맞게 스스로 해야 할 일을 숫자로 표현해 목표를 제대로 설계하는 것부터가 능력이다. 그렇게 목표를 설계하면 실행한 후에 스스로 평가할 수 있다. 그것만으로도 평가와 보상에 대한 공정성은 높아진다.

조직에 변화와 혁신을
가져다줄 만한 정보를 발신했는가?

나의 능력이나 내가 한 업무가 조직과 동료들의 발전에 얼마나 좋은 영향을 주고 공헌했는가? 내가 가진 것으로 동료의 성공을 도왔는지, 내가 제공한 정보로 인해 전체의 사기가 높아졌는지 판단해보자는 것이다.

이것은 직원들이 '우리 회사는 보이지 않는 노력도 보상받는 제도가 많다.'고 느낄 수 있도록 하는 평가·보상 항목이다. 자신의 기여도를 측정할 수 있는 부분이기도 하다. 이타적인 리더십의 역량들이 얼마나 커지고 있느냐를 점검할 수 있다. 개인성과 중심의 평가 때문에 생기는 반목과 질시를 해결하는 방법이다. 전체를 상향 성장시키는 것을 원칙으로 해, 조직의 성공을 통해 개인이 성공하고, 개인의 성장으로 조직이 도약의 발판을 구축하기 위한 평가항목이다.

잘못된 성과주의는 사람들을 개인성과나 단기성과에 매몰되게 만든다. 성과주의·능력주의·실적주의 보상체계가 잘못되면 여러 현상들이 일어난다. 개인의 이기주의, 부서 이기주의, 서로 협조하지 않는 분위기, 유기적인 기능 상실, 시너지 상실이 그것이다. 개인이나 특정 팀의 성과에만 근거한 평가나 보상체계라면 개인은 물론이고 부서끼리도 이기주의에 빠진다는 말이다. 각자가 자기 업무성과 지표만 보면서 억지로 채우고, 이기적인 생각들이 강해지면서 다들 개인적으로 손해다 싶은 일은 무조건 회피부터 한다. 비상상황에서도 연락이 안 되고, 내부에서 큰 문제가 터졌는데도 외면하고 그냥 퇴근한다. 절박하고 긴급한 상황에서 동료, 직원 간에 공유가 안 되고, 시너지나 협업은 기대도 할 수 없다. 구성원 모두가 확고한 주인의식을 가져도 쉽지 않은 게 조직경영인데, 이런 현상을 보이면 조직은 순식간에 무너진다. 그래서 동료나 팀, 조직에 어떤 도움을 주었는가를 평가와 보상의 중요한 기준으로 삼아야 한다.

내가 하는 일, 내가 내는 성과가 조직이나 다른 동료들의 발전을 위한 일로 연결되고 있는지를 점검해야 한다. 능력 있는 사람일수록 팀정신, 이타심을 가지고 일해야 하며, 성과를 낸 직원들은 성과창출 과정에서 동료들에게 어떤 도움을 어떻게 받았는지 기록해두고 남겨야 한다. 그렇게 하면 보상은 공정하게 나누어지고 협업력은 더 올라간다.

이런 부분이 평가와 보상에 투명하게 반영되는 조직에는 여러 형태의 발전적인 모임들이 많다. 나중에 자신의 업무기록은 물론이고 동료들의 업무기록에 그대로 남으니 더 적극적이다. 프로젝트를 추진할 때 어떤 사람들이 모였고, 누가 어떤 아이디어를 제안했고, 어떻게 도왔는지, 어떤 문제를 함께 해결했는지 투명하게 보이기 때문이다.

새롭게 성과를
진전시켰는가?

이것은 목표설계와 목표달성에 관한 것이다. 얼마나 도전적인 목표였고, 얼마나 발전적으로 결과를 완수했는가를 평가해보자는 의미다.

중요한 것은 실적평가, 즉 결과를 평가보상 기준의 중심에 두는 것이다. 어느 대학을 나왔고, 어떤 자격증을 땄는지가 중요한 것이 아니라, 그것으로 인해 성과가 얼마나 달라졌는가를 평가한다. 말하자면 '나는 열심히 노력했다.', '나는 지각하거나 결근을 하지 않았다.', '나는 꼬박꼬

박 자리를 지켰다.'는 것은 평가보상의 기준과는 전혀 상관이 없다.

목표달성에 대한 평가가 허술하면 매너리즘에 빠진 사람들이 늘어난다. 아무런 발전 없이 시간만 허비하면서 경력을 쌓고 있다고 착각하는 사람들이 늘어난다는 의미다. 그래서 스스로 목표를 설계하게 하고 그것이 얼마나 도전적인 목표인가를 평가하는 것이 목표달성 평가에서 중요하다. 그 목표에는 일에 대한 자세와 의지는 물론이고, 미래에 대한 설계까지 포함되어 있다. 목표달성에 대한 최종평가는 달성률이 몇%인가가 아니라, 그 과감한 목표에 대한 도전을 통해 이전보다 얼마나 성장했는가를 본다. 개인의 성장을 기준으로 한 절대평가다.

개인이든 조직이든 목표는 미래에 대한 그림을 그리면서 그것에 투자하고 쌓아 올리는 작업이다. 유니클로의 경우, 처음에는 목표설계를 교육할 때 '꿈 같은 목표, 만족할 만한 목표, 최소한의 목표'가 있는데, 이 3가지 목표 중에서 '꿈 같은 목표'를 설계하도록 코칭한다. 이는 적당주의와 타성을 깰 수 있는 목표다.

어떤 사람들은 '달성하지도 못할 거면서 왜 그렇게 목표를 크게 잡아야 하느냐?'고 반문한다. 하지만 안전한 목표를 100% 달성했느냐 못했느냐가 중요한 평가기준이 되면 매우 위험하다. 안전한 목표를 세워 얼마나 달성했는지를 평가하게 되면 사람들은 개인의 성장이나 생존, 장래 같은 것은 생각하지 않고 무조건 안전하게 목표를 설계한다. 낮은 수준의 목표를 설계하면, 혁신적인 아이디어를 고민할 필요도 없고, 새로운 지식정보를 치열하게 배우고 받아들일 필요도 없다. 동료들과의 협업을 고민하지 않아도 되고 안팎의 자원을 어떻게 활용할 것인지도 생각하지 않는다.

반면 '꿈 같은 목표'를 과감하게 내걸면, 설사 달성률이 조금 낮더라도 훨씬 더 많이 성장하게 된다. 그러면 더 좋은 평가를 받아야 한다. 이러한 원칙이 있어야만 구성원과 조직은 혁신의 끈을 놓지 않고 계속해서 성장할 수 있다.

사람을 육성했는가?

사람마다 습득이 빠른 분야가 있다. 자신이 잘하는 분야를 중심으로 그것을 필요로 하는 직원들을 모아 교육을 진행한다면, 그것이 바로 사람을 육성하는 일이다. 그들이 발전했고 성과가 달라졌다는 피드백들은 기록으로 남는다. 예를 들어, 신입사원이 임원이나 간부들을 대상으로 유용한 스마트폰 애플리케이션이나 컴퓨터 응용프로그램을 교육했다면 그것 역시 상당한 평가로 연결된다.

리더라면 인재육성에 앞서 먼저 팀이나 조직의 정서관리에 성공해야 한다. 적극적인 소통을 통해 긍정적인 분위기를 이끌어내는 능력이다. 리더는 먼저 사람들의 마음속에서 일어나는 여러 가지 감정들을 이해하고 인정해야 한다. 현업의 실무자 위치라면 자기 일에만 집중해도 어느 정도 용인되지만, 리더라면 구성원들이 모두 좋은 감정을 가지고 일할 수 있도록 돌봐야 할 책임이 있다. 구성원들의 불평불만을 없애고 일에 집중하고 몰입할 수 있도록 하는 정서관리를 해야 한다는 이야기다.

리더는 이미 충분히 경험이 있고 일에 대해서 많이 안다. 조직 내외부에서 필요한 유무형의 자원을 조달할 수 있는 역량도 가지고 있다. 그 역량을 발휘해 구성원들이 일이 막힐 때 다리 역할을 해주고, 갈등을 해결해주고, 필요한 사람이나 필요한 조직과 연결해줄 수 있다. 그렇게 함으로써 실무자들은 일에 더 집중하고 몰입할 수 있다. 자연스럽게 실적이 개선된다.

리더를 평가할 때는 기본적으로 그 부서의 구성원들이 얼마나 성장하고, 실적이 개선되었는지를 평가한다. 부서 간, 팀 간의 상대평가보다는 개인들이 전년도에 비해 얼마나 성장했느냐를 판단하는 절대평가다. 동시에 구성원들이 자기 책임 하에 스스로 일을 계획하고 완수하는 능력들을 키웠는지도 평가한다. 또한 리더의 자리를 대신할 수 있을 정도, 리더를 뛰어넘을 수 있는 차세대 리더로 육성했는지도 중요하다.

경영자나 리더는 비즈니스를 틀에 가두지 않아야 한다. 마찬가지로 인재도 어떤 틀에 짜 맞추듯 한정 짓지 않아야 사람이 크고 사업이 큰다. 먼저 리더는 인재를 육성할 때 자기 그릇에 맞춰서는 안 된다는 사실을 깨달아야 한다. 내 그릇에 맞추기보다는 그들의 가능성을 발견하는 것이 먼저다. 부하직원들의 가능성은 무한대다. 지금의 리더들을 얼마든지 뛰어넘을 수 있다는 것을 받아들여야 제대로 인재를 육성할 수 있다.

그다음은 그 그릇을 키워주는 역할이다. 개인의 역량을 어떤 틀에 가두거나 성장가능성을 너무 좁고 작게 잡으면 인재육성에 실패한다. 리더가 자신의 그릇에 맞추라고 하면 부하직원들은 불평불만을 가질 것이고 서로 힘들다. 그래서 리더들은 항상 부하들이 자신을 뛰어넘는 그릇일 수 있다는 가능성부터 인정하고 주목해야 한다.

유니클로의 야나이 사장은 "우리 회사에는 자신보다 뛰어난 리더를 키워내는 인재 전문가가 존재한다."며 우회적으로 특정 간부를 칭찬한 적이 있다.

'회사나 상사가 정한 규격이나 틀에 그 사람을 맞추는 게 아니라 그 사람의 능력, 가능성의 크기를 살펴 그에 맞추는 것'이 원칙이다. 이는 유니클로의 기본방침이다. 회사도 상사도 그의 그릇에 맞춰주면서, 클 수 있을 만큼 크도록 지원한다는 논리다. 그리고 리더들은 부하들이 얼마나 성장했는가로 평가받으면 된다. 몇 명이 얼마나 성장했는지를 절대평가로 판단하고, 거기다 그들이 얼마만큼 뛰어난 실적을 냈는지, 몇 명이 어떤 보직을 맡을 만큼 성장했는지를 상대평가로 살펴보면 결과는 확실해진다.

이제는 보이게
일하는 조직만
살아남는다

　　바로 앞에서 구성원 개인이 어떻게 해야 하는가를 4가지로 나눠 살펴보았다면, 이번에는 조직이 어떻게 해야 하는가를 알아보는 것으로 이 책을 마무리하려고 한다. 유니클로의 사례를 살펴보면, 우리가 당면한 평가와 보상 제도의 여러 문제들을 풀 수 있는 많은 힌트를 얻을 수 있을 것이다. 앞에서 나온 내용과 다소 중복되는 부분이 있더라도, 전체를 총정리하는 의미로 여겨주기 바란다.

　　1984년 1호점으로 시작한 유니클로는 사업 초기부터 보수적인 일본 기업들에 비해 상당히 일찍 능력주의, 성과주의를 도입했다. '개인의 평가와 보상은 학벌이나 경력에 상관없이 성과, 실적 같은 결과 중심으로 결정된다.'를 기조로 한 공명정대, 신상필벌의 '완전실력주의'를 표방한 것이다.

당시 이러한 내부 혁신은 곧바로 상당한 반대에 부딪혔다. 특히 '일단 매장에 들어온 손님은 옷을 안 살 사람도 사게 만들 수 있다.'며 자신감을 보이던 경력 직원일수록 반발이 심했다. 야나이 사장은 그들의 그런 자만심에 상당히 충격을 받았다. 개인의 성장과 후배들의 성공을 위해 모범을 보이고 변화와 혁신을 주도해야 할 사람들이 도리어 그 반대로 움직였기 때문이다. 젊은 야나이 사장은 그 이후 '회사는 사람에 기대면 안 된다.'는 생각으로 더욱 혁신에 매달렸다. 그 중심에는 '사업이란 상품에만 기대서도 안 되고, 경험 많은 사람에게 끌려다녀서도 안 된다.'는 경영철학이 있었다.

그렇다. 사업이라는 것은 길게 봤을 때, 좋은 상품을 시장에 내놓는다고 해서 저절로 팔리는 것이 아니다. 또 경험이 많은 사람을 채용한다고 해서 영업이 저절로 되는 것도 아니다. 운 좋게 실력 있는 인재가 들어와서 몇 년 버티더라도 내부에서 그 이상의 인재가 성장하지 않으면 그것도 오래가지 못한다. 즉 과거의 성공을 잊고 항상 새로워져야 살아남을 수 있다. 이것이야말로 사업의 본질이다.

지금까지도 유니클로가 그토록 혁신에 집착하는 이유는, 혁신을 지속하는 조직만이 미래에 살아남는다는 확신 때문이다. 혹여 유능한 인재가 다른 회사로 가더라도 '이곳은 일하기가 불편하다.'며 떠난 유니클로를 그리워할 정도는 돼야 한다는 의미다. 그 어떤 조직도 따라오지 못할 정도로, 일할수록 좋은 시스템으로 바꾸고, 실력에 따른 공정한 보상이 이루어지도록 제도를 만들고, 어떤 사람이든 의욕만 있으면 일취월장하는 회사를 만드는 게 중요하다. 유니클로가 일하는 공간을 지속적으로 혁신하고, 동시에 평가와 보상 제도를 완전실력주의에 맞춘 이유도 여기에 있다.

완전실력주의를 표방하던 유니클로는 드디어 플리스 붐으로 1999년에 매출 1조 원을 넘기면서 이익도 급증했다. 당시 일본의 취업시장에서는 유니클로가 '졸업 후 가장 빨리 출세할 수 있는 회사'라는 소문도 났다. 실제로 20대 중반의 젊은 직원들 중 다수가 입사 2~3년 만에 연봉을 1억 원 이상 받았다. 2001년에는 매출액 4조 원을 넘기고 경상이익도 1조 원을 돌파했다. 그 효과로 20대 중반에서 30대 초반 사이의 젊은 직원들 중 수십 명이 연봉 2억 원을 초과하기도 했다. 열정적이고 의욕적인 인재들에게는 귀가 솔깃한 이야기들이었다. 그 후 유니클로의 완전실력주의는 인재들이 몰려오게 만드는 강력한 촉매제가 되었다.

완전실력주의?
칸막이부터 먼저 허물어라

'완전실력주의'라는 원칙 하에 확실한 성과를 낸 직원들에게 파격적인 보상을 했지만, 당시 경영진은 특정 팀이나 직원이 정보를 독점하고, 회사의 유무형 자원들이 제대로 공유되지 않는다고 판단했다. 그런 환경에서는 직원들에게 완전실력주의에 대한 신뢰를 심어줄 수 없었다.

당시 유니클로는 팀이나 부서별로 사무실이 나눠져 있었고, 개개인의 자리가 칸막이로 막혀 있었다. 그런 물리적인 벽이 사고와 의식의 벽, 생각의 벽을 만든다고 경영진은 분석했다. 막힌 공간과 높은 벽 때문에 일 잘하는 직원들이 보이지 않았다. '완전실력주의'를 내걸고 파격적인 보상을 했지만, 보상을 받지 못한 직원들은 일 잘하는 직원들이 어떻게 일하는지 볼 수도, 알 수도 없었다. 정말 잘하는 것인지 아니면 상사에게 잘 보여서 그런 대우를 받은 것인지 알 수 없으니, 직원들은 점점 평가와 보상에 대해 불신하기 시작했다.

결국 2000년대 중반 야나이 사장은 한 중간 간부를 불러 '사무실 혁신을 위한 모든 권한을 줄 테니 일하는 공간을 혁명적으로 바꿔보라.'고 지시했다. 그는 유니클로의 아르바이트 1호 직원으로 1980년대에 대학을 졸업하고 대기업에 근무하다 영원한 벤처기업을 주창하는 매력에 끌려 다시 유니클로에 입사한 인물이다.

'평가와 보상에 대한 불평불만을 해소하려면, 먼저 모두가 무슨 일을 어떻게 하는지 서로 보이게 하는 게 최상의 해법이다. 그것은 위대한 성과와도 연결되어 있다.'

그는 이런 확신을 갖고 2006년 '업무공간을 혁신의 공간을 만들자.'며 유니클로 사무실에 칸막이를 모두 없애고 자율 좌석제를 도입했다. 유니클로가 완전개방형으로 업무환경을 바꾸게 된 2가지 계기가 있었다. 결과적으로 다음의 2가지 사건이 공간 혁신에 확신을 준 셈이었다.

첫 번째 확신을 준 사건은 도레이와의 오픈 이노베이션으로 플리스를 개발해 기적적인 성공을 이뤄낸 경험이다. 그리고 두 번째 확신을 준 사건은 그 어떤 기업도 도달하지 못한 장애인 고용률을 달성하며 '장애인 고용 1등'을 일궈낸 경험이다. 그것도 대고객 접점의 서비스 현장에 장애인을 고용해 사회적으로도 의미 있는 결과를 만들어내면서 국가, 사회, 기업들에게 시사하는 바가 컸다.

도레이와의 협업으로 만들어낸 성공은 앞에서도 여러 번 설명했지만, 이 사건으로 인해 유니클로는 공간 혁명에 대한 힌트를 얻었다. 열린 협업으로 성공한 경험은 생각을 열어주었고, 주변을 돌아보면 상상할 수도 없었던 무한한 자원과 가능성들이 존재한다는 사실을 알려주었다. 그 후 유니클로는 '전 세계의 재능과 자원을 한발 앞서 활용해 독자적인 가치를 만들고, 전 세계인들에게 지지를 받을 수 있는 상품과 비즈니스를 개발해 글로벌 1등이 되자.'는 목표를 세웠다.

그러기 위해서는 먼저 내부의 협업부터 강화해야 했다. 2002년 플리스 붐의 반동으로 매출이 줄자 유니클로는 즉각적으로 회사의 구조, 사업의 구조, 조직의 구조를 재검토했다.

"상품이란 폭발적으로 팔릴 때도 있지만 그 반대일 때도 있다. 플리스도 결국에는 사라질 것이다. 우리가 사라지지 않으려면 가장 먼저 우리의 의식과 생각을 바꿔야 한다. 그런데 생각이 바뀌는 속도는 너무 느리다. 안일하게 있으면 도저히 시장을 따라갈 수 없다. 그러므로 일하는 환경을 바꿔, 의식과 생각이 더 빨리 바뀌도록 도와야 한다."

당시 야나이 사장의 말이다.

기획에서 판매까지의 리드타임lead time을 단축하고 시장의 움직임에 빨리 대응할 수 있는 체제 구축을 목표로 했다. 부서 간, 직원 간 업무절차를 줄이고 속도를 개선해 '고객도달시간을 혁명적으로 줄여 비용구조와 수익구조를 근본적으로 개선하자.'는 것이었다. 그러면서 회사의 기본구조의 변화, 즉 일하는 방식의 혁신을 선언했다.

내부적으로는 '성을 쌓으면 망한다.'는 캐치프레이즈를 내걸었고, 완전히 열린 형태의 범부서적 체제를 강화했다. 이는 도레이와의 협업력을 더 강화하기 위한 내부의 준비작업이었다. 결국 플리스에 이어 기능성 바지, 브라탑, 드라이 폴로셔츠, 사라화인과 에어리즘, 히트텍 등 많은 히트상품을 줄줄이 내놓았다.

'모든 것을 자원화하라. 혼자 안 되면 둘이 하라. 둘이 안 되면 세상과 협업하라.' 유니클로는 이런 행동강령을 만들었고, 가히 혁명적인 사무실 개혁을 준비했다.

장애인 고용을 통해
진정한 열린 방식을 경험하다

업무공간을 혁신공간으로 바꿔야만 미래에 생존이 가능하다는 확신을 준 두 번째 사건은 장애인 고용에 관한 기적적인 성공사례다.

1998년 가을부터 플리스가 폭발적인 붐을 일으켰지만, 유니클로는 '이것도 곧 다 지나갈 것'이라며 의식개혁과 혁신을 위한 새로운 도전을 준비한다. 그중 하나가 세상의 상식을 완전히 뒤엎은 장애인 고용이었다.

유니클로는 2001년 '장애인 고용률 1등 회사'를 목표로 장애인 친화기업을 선언했다. 그 선언을 한 지 1년 만에 법정 의무 고용률인 1.8%를 훨씬 뛰어넘는 6.3%를 달성하는 기적을 일궜다. 모두가 불가능이라고 했지만, 그들은 강력한 실행력으로 밀어붙였다.

처음 야나이 사장이 기자회견장에서 이를 선언했을 때 유통, 서비스업 관계자들은 너무나도 무모한 도전이라고 의견을 모았다. 직원들 역시 이러다 서비스 품질이 떨어져 고객들이 발길을 돌리지 않을까 걱정했다. 하지만 결과부터 말하자면, 오히려 직원들이 정신적으로 크게 성장하는 계기가 됐다.

고객들이 붐비는 다양한 현장에서 직원들은 장애인들과 함께 일하면서 우선 필요한 것이 커버플레이라는 것을 알고 있었고, 다들 그 점에 대해 각오를 다졌다. 장애인 동료가 위기에 처하거나 병목현상을 만들면 신속하게 도와 문제를 해결하자는 의견들이 자발적으로 나왔다. 팀플레이의 수준을 높이기 위해 미리 일정이나 업무내용을 시간대별로 서로에게 알리고 공개했다. 또한 장애인 직원 개개인이 할 수 있는 일과 어려워하는 일에 대해서도 세세하게 공유했다. 그러면서 역할분담도 디테일하게 조정하고 확인했다.

특히 고객의 접점에서는 한 치의 오차도 용납이 안 된다는 생각으로, 직원들은 업무시간이 시작되기 전에 반복적으로 커버플레이를 점검했다. 처음에는 일반 직원들이 장애인 직원들의 부족한 점들을 커버해야 한다는 생각에 긴장의 연속이었다. 하지만 실제로 장애인 직원들은 일반 직원보다 책임감이 훨씬 더 강했고, 일에 대한 열의나 애착도 대단했다. 자기가 맡은 일을 집요하고 철저하게 해냈다. 오히려 일반 직원들은 그 점에 감동을 받고 교훈을 얻었다.

유니클로는 중증신체장애와 경증신체장애, 중증지적장애와 경증지적장애, 정신장애인까지 골고루 채용했다. 각자 다른 장애를 가졌지만, 의외의 장점들을 가지고 있었다. 이러한 장점들을 찾아서 그들이 가장 잘할 수 있는 일을 맡겼고, 장애인 직원들은 기대 이상의 능력들을 발휘했다. 결국 2008년에는 장애인 고용률 8%를 넘겼다.

유니클로 직원들은 '우리의 우려가 모두 틀렸다.'는 사실을 실제 체험을 통해 경험했다. 직원들은 그 경험에서 '도리어 우리가 도움을 받았고, 위로받았으며, 더 배울 게 많았고, 그 덕분에 더 성장했다.'고 고백했다. 동시에 '서로 보이게 열린 방식으로 일할 때 실수를 줄일 수 있고, 업무 속도는 빨라지며, 더 완벽하게 서로 도움을 주고받을 수 있다. 서로 친근감을 느끼며 즐겁게 일할 수 있고, 업무협업도 잘 되며 중복된 업무가 줄어 성과를 극대화할 수 있다.'는 사실을 깨달았다. 열린 방식으로 일하며 얻을 수 있는 장점과 위력을 경험한 것이다. 이러한 경험은 유니클로 직원들에게 엄청난 통찰을 주었다.

성과주의, 능력주의?
결국 보이게 일해야 완성된다

같은 회사에서 같은 일을 하는데 남들보다 진급이 빠르고 거액의 보너스도 받는 사람이 있다면, 주위에 이를 못마땅하게 여기는 사람이 꼭 있다. 평가가 공정하지 못하다고 생각해 억울해하는 것이다. 한두 사람이 아니라 여러 사람이 그렇게 생각할 수도 있다. 이것을 방치하면 갈등이 생기고 조직 전체에 엄청난 마이너스 요소가 된다. 폐쇄적인 조직일수록 이런 현상이 더 심각하다.

일하는 모습이 서로에게 보이지 않으면, 평가가 공정하지 않고 근거가 없다고 느낄 여지가 생긴다. 차별한다고 느낄 가능성도 커진다. 모든 구성원의 실적과 성과들을 계량화·계수화해서 똑같은 룰로 공정하게 평가해도 애매모호한 기준이 존재한다고 의심한다. 그래서 대부분의 회사들이 성과주의, 능력주의를 지향하고 있지만 그런 딜레마를 해결하지 못하고 있다.

모두가 만족할 수 있는 제도적 장치가 필요하다. 먼저 건전한 상생이 가능하도록 평가기준을 명확히 하고, 동시에 투명하게 집행하는 것은 기본이다. 그런 공감대 형성과 함께 일하는 환경을 열린 공간으로 개선하는 것이 무엇보다 중요하다. 이것이야말로 성과주의, 능력주의의 한계를 극복할 핵심이다.

사람을 육성하기 위해서는 교육이 끝이 아니다. 환경을 조성하는 것이 중요하다. 2006년 사무실 이전과 함께 유니클로가 공간 혁명을 추진한 것도 결국 직원들에게 성장과 배움의 기회를 늘리고, 제대로 실력을 발휘할 수 있는 무대를 제공할 목적이었다. 동시에 성과를 만들어낸 사람에게는 누구든 그에 상응하는 보상이 따른다는 완전실력주의를 완성하기 위함이었다.

내가 취재를 목적으로 유니클로 본사와 여러 매장을 돌면서 만난 유니클로 직원들은 한결같이 '완전실력주의'에 대한 자부심이 대단했다.

"우리는 완전실력주의다. 세계에서 가장 공정하고 투명한 평가와 보상을 목표로 한다. 평가와 보상이 마음에 안 들면 그것을 제안해서 고치고 바꾸면 된다. 그것도 능력으로 인정받을 수 있다. 그것도 귀찮으면 조용히 떠나면 된다."

불문율처럼 다들 이것을 공유하고 있었고, 하부 조직까지 그런 인식들이 상당히 강했다.

"마음에 안 들면 불평불만으로 끝내지 말고, 직접 고쳐라. 인정받을 기회다."

일부 직원들이 반발하고 불편해하는데도 지속적으로 업무환경을 혁신하는 이유에 대해 한 간부는 이렇게 대답했다.

"우리의 목표는 정말 의욕 있고 실력 있는 사람들이 '이 회사는 일하기가 불편하다.'며 떠나는 일이 없도록 하는 것이다. 제도와 시스템, 일하는 환경에 문제가 없는지 끊임없이 관찰하고 문제점을 찾는다. 시장은 계속 변하기 때문에 내부 혁신도 멈출 수 없다."

결국 평범했던 사무실을 혁신의 공간으로 바꾸기 시작한 2006년 유니클로는 매출 4조 4,000억 원을 달성했다. 그 후 해마다 기록을 갈아치우며 경이로운 성장을 거듭해 2013년에는 하나의 큰 도전 목표였던 매출 10조 원을 돌파했고, 2015년에는 16조 8,000억 원의 매출을 달성했다.

장기불황, 저성장기에도 유니클로가 '불황 속의 별'이라는 찬사를 받으며 급성장할 수 있었던 원동력은 '보이게 일하라.'를 그대로 현실로 만든 '일하는 공간의 혁신' 덕분이다. 그들의 완전실력주의가 정착하고 빛을 발할 수 있었던 것 역시 보이게 일하는 환경, 즉 일하는 공간을 열린 혁신의 공간으로 바꿨기 때문이다.

외톨이가
많은 조직은
미래가 없다

이제는 모든 조직이 '밀도경영'이라는 숙제를 풀어야 한다. 물론 2배로 일하고 2배로 고민하는 인재들이 결국 성장하고 승진한다. 하지만 앞에서 누누이 강조했듯이 장시간 근로나 장시간 가동으로 경쟁력을 확보할 수 없는 시대다. 그래서 선진 기업들은 날이 갈수록 협업과 휴먼 시너지에 더욱 집중한다.

나쁜 조직은 서로 견제하고, 이기적으로 행동하며, 존재감을 과시하기 위해 절차를 복잡하게 만든다. 일보다는 직급을 중시하고 계급이 일의 본질을 왜곡하기도 한다. 일처리에 도움을 주거나 창의적인 결과를 만들기 위해 협조하지 않고, 상대방이 일하는 과정을 통제하느라 바쁘다. 그 무의미한 견제 때문에 개인의 능력이 사장되고 조직은 시간과 비용의 낭비로 손실이 생긴다. 협업으로 성과를 내는 것은 당연한 것이고,

그것을 극대화하려는 의식이 있느냐 없느냐가 조직의 승패를 좌우한다.

혼자서 완벽하게 다 해결하겠다는 사람, 고군분투하는 외톨이가 많은 조직은 미래가 없다. 우리가 원하지 않아도 협업하지 않으면 살아남을 수 없는 시대다. 사람과 사람은 기본이고, 물건과 사람, 물건과 물건, 기술과 기술, 기술과 사람, 자연과 기술, 소재와 기술 등 존재와 존재 사이의 연결성은 무한히 늘어나고 있다.

요즘 사회가 팀플레이를 강조하는 것은 상대적으로 비용과 시간, 완성도 측면에서 유리하기 때문이다. 물론 간단한 일은 혼자서 하는 것이 빠를 때가 있다. 하지만 팀과 조직의 성과는 그렇지 않다.

일을 혼자서 다 하면 모든 성과를 독식할 수 있다. 하지만 그런 식으로 일하면 더디고 힘들다. 그리고 혼자서 더 큰 고통을 감당해야 하는 경우도 있다. 실패의 리스크도 모두 혼자 짊어져야 하는 것이다. 아무리 유능한 사람도 혼자서는 오래가기 힘들고, 일을 더 크게 벌이지 못한다.

하지만 여러 사람이 함께하면 혼자 할 때보다 더 효과적으로, 더 빠르게, 더 저렴하게, 덜 위험하게 할 수 있다. 나와 다른 능력을 가진 동료들과 함께하기 때문이다. 나중에 성과를 나눠야 하지만 대신 더 많은 기회를 창출할 수 있다. 판을 몇 배로 키울 수 있고, 덜 위험하면서 더 빠르게 결과를 낼 수 있다. 그렇게 되면 결과적으로 모두에게 돌아가는 과실은 혼자 독식할 때보다 더 커진다. 그것이 팀플레이의 매력이다. 그런 매력을 경험해본 사람은 혼자서 다 해결하려는 집착이 얼마나 무모하고 비생산적인지를 안다. 혼자가 아니라 여럿이 함께 힘을 모으는 조직에서는 '내가 더 완벽해지려면 내 주변의 동료, 다른 부서와 협력해야 한다.'는 것을 안다. 그것을 아는 사람들이 늘어나면 그 조직은 소통도 잘 되고 협업도 잘 된다.

1990년대 초 IBM은 50억 달러의 적자를 냈다. 부도 위기에 처한 것이다. 하지만 내부에는 엄청난 특허들을 많이 보유하고 있었다. 노키아도 마찬가지다. 일반 휴대폰은 물론이고 스마트폰 관련 특허도 세계 1등이었다. 그런데 왜 이들은 손에 쥐고 있는 그 기술을 빠르게 활용하지 못했을까? 아무리 연구개발에 많은 돈과 인력을 투자하는 거대기업이라도 조직 내부가 폐쇄적이고 소통이 안 되면 그 모든 자산은 고물이 되어 버린다.

유기적 협업능력이 경쟁력이다. 이는 자원 활용능력이 바탕이 되어야 하며, 평가나 보상에 있어서도 완전실력주의를 추구해야 한다. 지금은 이종 간의 결합도 매우 빨라졌다. 소위 하이브리드가 대세다. 다른 문화, 다른 방식, 다른 생각, 다른 기술, 다른 노하우, 다른 프로그램들이 만나는 접점에서 창조적인 성과물이 왕성하게 나오고 있다.

열린 조직은 다양한 자원들을 빠르게 이용한다. 게다가 외부의 능력과 자원들까지 활용할 수 있는 오픈 이노베이션으로 성과를 개선할 수도 있다. 콜라보레이션으로 긴밀한 협업이 가능해지면 내외부 자원을 활용해 판을 더 크게 키울 수 있다.

신은 장수기업을 그냥 주지 않는다. '기업은 최장 30년'이라는 설이 있는데, 이미 어느 정도 궤도에 올랐다고 생각되는 기업들도 30년 이상 살아남기가 쉽지 않다는 뜻이다. 그래서 강한 기업은 꾸준하게 변화를 갈망하고 받아들이며 영속성에 가치를 두고 도전한다. '이 정도면 됐다.'가 아니라 언제나 더 나은 성공을 갈망한다.

처음 시작해 5년, 10년 주기로 신성장동력을 발굴해가며 치열하게 노력하고 성장했던 기업들도 혁신에 대한 갈망이 사라지면 그다음 5년도 보장하기 힘든 시대다. 이제는 개인도 마찬가지다. 우리 주변에 응용기술들이 얼마나 빠르게 발전하는지만 살펴봐도 알 수 있다.

사람이 새로운 것에서 멀어지면 자신의 경험에만 기댄다. 두려움이나 나쁜 기억에 갇혀 새로운 것이라면 아무것도 시도하려 하지 않는다. 과거의 성공도 마찬가지다. 과거에 취하면 미래가 사라진다. 성공이든 실패든 과거의 기억은 버려야 한다.

만약 신이 누군가를 파멸시키고 싶으면 우선 2~3년 정도 성공을 보장해준다. 그렇게 몇 년 동안 순탄하게 풀리거나 비약적으로 성공하다 보면 사람은 내 방식, 내 스타일, 내 시스템이 최고라고 생각한다. 주변에서 쪽박 차고 망하는 소리가 들려도 '설마 나는 아니겠지.' 하며 방심한다. 그러면서 똑같이 무너진다. 결국 미래의 나를 지킬 수 있는 것은 내가 새롭게 기른 실력뿐이다. 다른 말로 하면 자기혁신이다. 그것을 팀으로 이뤄낸다면 무서운 승리의 팀이 된다. 조직에 몸담고 있는 우리는 혼자서는 도저히 시장의 속도를 따라갈 수 없다. 시장의 변화속도는 항상 우리에게 벅차다. 말하자면 마라톤 올림픽 챔피언과 경쟁하는 수준이다. 그래서 혼자서는 그런 시장을 도저히 이길 수 없다.

그렇다고 방법이 전혀 없는 것은 아니다. 마라톤 풀코스인 42.195km를 동료들과 함께 완벽한 팀정신으로 무장해 릴레이로 뛰면 그들보다 더 빨리 달릴 수 있다. 빠르게 변하는 시장과 그렇게 싸우면 기회를 잡을 수 있고 승산도 있다. 그렇다. 보이게 일하고, 협업하고, 시너지를 내며 하나 된 힘을 발휘하면 우리의 미래는 열린다.

끝으로 이 책이 나올 수 있도록 애정을 가지고 끝까지 힘써준 쌤앤파커스에 감사의 인사를 드리고 싶다. 음으로 양으로 다양한 각도에서 고민을 들려주고 의견을 주었던 독자들은 집필작업에 많은 영감을 주었다. 강연장에서 혹은 기업 현장에서 많은 소통의 기회를 준 직장인들과 경영자들께도 감사드린다.

· 참고문헌 ·

이 책을 쓸 때 나는 강연과 컨설팅을 하며 다양한 계층의 사람들을 만났고 현장에서 들은 그들의 고민을 중심에 뒀다. 여러 현장에서 발신하는 고민들에 대해 같이 고민하고 해결책을 찾는 데 집중했다. 다양한 현장을 취재하며 구성원들의 생생한 목소리를 들었고 여기에서 많은 영감을 얻었다. 개인적인 독단을 피하기 위해 여러 매체의 기사와 다른 전문가들의 의견도 참고했다. 여기에는 단행본을 위주로 참고문헌을 정리했다. 지면 관계상 집필에 참고한 모든 자료를 싣지 못하는 점을 양해해주시기 바란다. 아울러 인터뷰와 자료수집에 도움을 준 많은 분들께 감사드린다.

- 《구글의 아침은 자유가 시작된다》, 라즐로 복 저, 이경식 역, 알에이치코리아, 2015
- 《국가는 왜 실패하는가》, 대런 애쓰모글루, 제임스 A. 로빈슨 공저, 최완규 역, 시공사, 2012
- 《기술의 충격》, 케빈 켈리 저, 이한음 역, 민음사, 2011
- 《넷플릭스 스타트업의 전설》, 지나 키팅 저, 박종근 역, 한빛비즈, 2015
- 《뇌로부터의 자유》, 마이클 가자니가 저, 박인균 역, 추수밭, 2012
- 《디즈니 꿈의 경영》, 빌 캐포더글리, 린 잭슨 공저, 이호재, 이정 공역, 21세기북스, 2000
- 《로마인의 흥망성쇠 원인론》, 몽테스키외 저, 박광순 역, 범우, 2007
- 《발칙한 일 창조 전략》, 리처드 브랜슨 저, 김명철 역, 황금부엉이, 2010
- 《비난 게임》, 벤 대트너, 대런 달 공저, 홍경탁 역, 북카라반, 2015
- 《생각의 탄생》, 로버트 루트번스타인, 미셸 루트번스타인 공저, 박종성 역, 에코의서재, 2007
- 《성공을 퍼트려라》, 로버트 서튼, 허기 라오 공저, 김태훈 역, 한국경제신문, 2015

- 《성장의 챔피언》, The Growth Agenda 저, 김정수 역, 유아이북스, 2013
- 《손잡지 않고 살아남은 생명은 없다》, 최재천 저, 샘터, 2014
- 《언씽킹》, 해리 벡위드 저, 이민주 역, 토네이도, 2011
- 《와이저》, 캐스 R. 선스타인, 리드 헤이스티 공저, 이시은 역, 위즈덤하우스, 2015
- 《왜 따르는가》, 제이 엘리엇 저, 이현주 역, 흐름출판, 2013
- 《왜 일하는가》, 이나모리 가즈오 저, 신정길 역, 서돌, 2010
- 《워렌 베니스의 리더와 리더십》, 워렌 베니스, 버트 나누스 공저, 김원석 역, 황금부엉이, 2006
- 《일과 기술의 경영》, 피터 드러커 저, 안세민 역, 청림출판, 2015
- 《지구의 정복자》, 에드워드 오스본 윌슨 저, 이한음 역, 사이언스북스, 2013
- 《지금 중요한 것은 무엇인가》, 게리 해멜 저, 방영호 역, 알키, 2012
- 《차이를 만드는 조직》, 스콧 켈러, 콜린 프라이스 공저, 서영조 역, 전략시티, 2014
- 《창조성, 신화를 다시 쓰다》, 데이비드 버커스 저, 박수철 역, 시그마북스, 2014
- 《창조적 파괴》, 리처드 포스터, 사라 캐플런 공저, 정성묵 역, 21세기북스, 2003
- 《탁월한 아이디어는 어디서 오는가》, 스티븐 존슨 저, 서영조 역, 한국경제신문사, 2012
- 《협업 Collaboration》, 모튼 T. 한센 저, 이장원, 김대환, 안정호 공역, 교보문고, 2011
- 〈하버드 비즈니스 리뷰〉, 2014년 4월, 2015년 4월

· 저자소개 ·

김성호

솔로몬연구소 대표이자 '변화 코칭' 전문가. 일본대학교에서 산업경영을 전공했으며, 한국외국어대학교 대학원을 다녔다. 인간 개선 기법과 성공 철학에 관해 전 세계적인 자료와 정보들을 고대와 현대에 걸쳐 폭넓게 연구하고 있다.

유학 시절부터 상도, 성공 철학과 기업의 흥망성쇠, 심리학적 접근을 통한 동기부여를 연구했다. 비즈니스 분야에서 직접적으로 다양한 사례를 체험하면서, 집필과 강연 등을 병행해왔다. 이런 다양한 경험을 토대로 각 조직에 밀착하여 '의식개혁 코칭', '역량 강화 코칭', '자기변화 코칭', '발상의 전환' 등의 테마로 프로그램을 운영하고 있다.

삼성을 포함한 국내 유수의 기업과 공기업, 금융업, 제조업, 서비스업 등 다양한 업계에서 특강 프로그램을 진행하고 있으며, 각 기업, 단체의 계층별 특강과 대학의 최고 경영자과정, 각종 CEO 포럼 등 맞춤형 강의도 진행하고 있다.

저서로는 《답을 내는 조직》, 《일본전산 이야기》, 《1승 9패 유니클로처럼》, 《변화 바이러스》 등이 있다.

보이게
일하라